SCORPIO

Stephan Schwarz
Shirley Michaela Seul
Cornelia Schwarz

Es ist noch kein *Meister in den Himmel* gefallen

Gebrauchsanleitung für das letzte Lebensdrittel

SCORPIO

MIX
Papier aus verantwortungsvollen Quellen
FSC® C014889

Umschlaggestaltung: Guter Punkt, München
Bildnachweis Aufmacherseiten: © Adobe Stock/dampoint
Layout und Satz: Danai Afrati, München
Druck und Bindung: Pustet, Regensburg
ISBN 978-3-95803-380-1

www.scorpio-verlag.de

Für meine geliebte Sangha, für alle unsere Seminarteilnehmer,
die auf dem Weg der inneren Revolution sind,
unermüdlich und beharrlich, die ihnen innewohnende Buddha-
Natur ins alltägliche Bewusstsein zu bringen.

Inhaltsverzeichnis

SCAN ME

Mithilfe dieses QR-Codes oder unter https://www.schwarzschwarz.com/meisterhimmel-meditationen/ können Sie sich zehn Meditationen »in das Land der Verheißung« kostenlos downloaden.

Einleitung:
Happy End

Was ist, wenn es aus ist? Also, wenn nichts mehr ist. Gibt es das überhaupt: nichts? Oder ist da doch etwas? Und wenn ja, was? Himmel, Hölle, Wiedergeburt? Keiner weiß es. Doch Menschen, die ihren Blick auch nach innen wenden, sind zufriedener mit ihrem Leben, gelassener, weniger gestresst und, wen wundert's, auch gesünder. Sich mit dem Sterben auseinanderzusetzen hält jung!

In unserer Kindheit und Jugend waren wir alle mal unsterblich. Gestorben sind nur die Alten, also diejenigen, die schon alt auf die Welt gekommen sind. *Opa soll mal jung gewesen sein?* Das kann sich ein Dreijähriger kaum vorstellen, und auf einmal ist er selbst Großvater und kann nun nicht fassen, dass sich sein Leben dem Ende zuneigt, wo ist bloß die Zeit geblieben? Und was kommt jetzt noch? Kommt überhaupt noch was? »Am liebsten im Schlaf sterben«, hoffen viele. »Sodass ich es gar nicht merke.«

Älter sein möchte man eigentlich nur, wenn man sehr jung ist – für alle anderen wurde das gefühlte Alter erfunden. Die alten Fünfzig sind die neuen Vierzig und so weiter. Allein mit dem Tod klappt das nicht, denn wie sollten wir ihm beibringen, dass er gefühlt noch gar nicht dran ist? Vermutlich ist Altern die einzige Angelegenheit, bei der wir uns Stagnation oder sogar Rückschritt wünschen. Wann kommt man eigentlich mal da an, wo man gerade ist?

Jetzt! Unser drittes Lebensdrittel ist die Zeit der Ernte, die beste, um zu wachsen, zu reifen. Diesmal nicht äußerlich mit neuen Zähnen und Haaren an den richtigen Stellen. Sondern innerlich mit erblühenden Seelen. Lange bevor wir heimgehen, wie das Ende freundlich umschrieben wird, können wir einkehren bei uns selbst, heimkehren – zu uns selbst. Mit diesem Buch lade ich Sie zu einer Reise in einige der spannendsten Kapitel Ihres Lebens ein … und darüber hinaus!

Sterben to go

Ich möchte mir den Höhepunkt meines Lebens, den Tod, nicht entgehen lassen! Ich möchte ihn so bewusst wie möglich erleben, idealerweise als Happy End. Ein gelungener Abgang will gelernt sein, das kennt man von der Bühne. Und man kann ihn auch lernen, das ist einer der Vorteile der buddhistischen Lehre. Andere Religionen lehren eher das Leben als das Sterben, und man sagt, gläubige Menschen würden leichter sterben. Der Glaube helfe dabei, dass »es« nicht so schlimm wird. Wenn es dem Ende zugeht, werden die Gläubigen manchmal regelrecht beneidet. Aber so mancher gläubige Mensch erfährt in seinem letzten Stündchen, dass er doch nicht so sehr im Glauben verankert ist, wie er hoffte, sondern eher in seiner Angst. Kann man noch irgendwo Glauben *to go* kriegen, quasi *last minute*, damit es dann nicht so schlimm wird?

Ich glaube gar nicht, dass es schlimm wird. Ich glaube sogar noch etwas viel Schlimmeres, also für meine fromme Oma, mit der ich als Kind oft zur heiligen Messe ging, wäre das schlimm gewesen. Ich glaube heute, dass ich Älterwerden und Sterben üben kann, und es von Mal zu Mal immer leichter fällt – und ich meine damit nicht die tausend Tode, die man so oft im Leben stirbt. Sondern den einen großen, den letzten.

Ich bin christlich erzogen worden und habe unter anderem Theologie studiert. Ostern absolvierte ich mit Oma einen Kirchenmarathon. In meiner Erinnerung knie ich wochenlang auf harten Holzbänken. Auch in unserer Küche hing ein gekreuzigter Mann über dem Esstisch. Ich schaute ihn oft an, forschte in seinen Zügen und dachte mir, dass das Kreuzigen vermutlich sehr wehgetan hat. Wie viele andere Kinder malte ich mir die Nägel durch die Hände und Füße aus. Nein, mit Sterben wollte ich nichts zu tun haben.

Heute ist das anders. Etwas in mir ist neugierig auf den Tod, sehr, sehr neugierig. Während viele Menschen in unserem Kulturkreis hoffen, dass es nach dem Tod weitergeht, bin ich überzeugt davon. Es ist ein bisschen wie im Kino. Kaum ist ein Film zu Ende, fängt der nächste an. Für weltweit zirka 360 Millionen Buddhisten und zirka eine Milliarde Hindus ist diese Vorstellung normal.

Für Christen ist das Leben mit dem Tod auch nicht beendet, sie gehen heim. Wenn nichts mehr übrig wäre, wer soll dann heimgehen und wohin? Muslime freuen sich auf Allahs wunderbares Land. Allein die Ungläubigen, in meinem Religionsunterricht hießen sie Heiden, schauen in die Röhre. Wer nichts glaubt, sitzt auch keinem zur Rechten. Oder doch? Kann man wiedergeboren werden, ohne es zu wollen? Kann man sich irgendwo beschweren, und was sagt Petrus dazu oder hat er keine Zeit, weil er so extrem mit dem Wetter beschäftigt ist?

Sie merken schon, liebe Leserin, lieber Leser … das hier ist kein Begräbnis oder vielleicht doch. Ich würde mit diesem Buch gerne einige »Glaubenssätze« beerdigen, die uns das Leben, schwer machen. Trauen Sie sich, mir eine Weile zu folgen in das eine oder andere Gedanken- und Gefühlsexperiment? Wagen Sie sich an das Abenteuer, dass manches anders sein könnte, als Sie glauben, auch wenn Sie eigentlich nichts glauben oder noch nie konkret darüber nachgedacht haben?

... Stellen Sie sich bitte einmal vor, es wäre nicht aus, wenn alles aus ist. Also am Ende. Stellen Sie sich vor, es würde weitergehen, und wie genau, das könnten Sie jetzt schon bestimmen. Wo soll Ihre neue Reise beginnen? Wer soll Sie begleiten? Welche Erfahrungen würden Sie gerne machen? Welche lieber meiden? Wovon hätten Sie gern mehr und wovon weniger? Angenommen, es wäre möglich, die eigene Existenz in der Zukunft zu planen – veränderte das nicht alles? Ja, selbst die Idee, nie mehr Sex zu haben, verlöre ihren Schrecken ... neues Spiel, neues Glück ... und auch das alte Glück trüge ein neues Gewand. Denn wenn man davon ausgeht, dass man wiedergeboren wird, kann man seine irdische Existenz relativ gelassen betrachten. Sollte es nicht optimal laufen, wetzt man diese Scharte bei der nächsten Reinkarnation aus: Was du heute nicht kannst besorgen, das verschiebe getrost auf morgen. Wenn man allerdings erwartet, dass dieses Leben die einzige Chance ist, dass es nur dieses eine Leben gibt, dann muss die Tube Leben ausgequetscht werden bis zum letzten Tropfen. Mitnehmen, was geht. Auch wenn man sich insgeheim wünscht, dass das nicht alles gewesen sein soll, sicher ist es nicht. Deshalb muss man so schnell wie möglich so viel wie möglich rausholen. Abenteuer, Anerkennung, Besitz, Erfolg, Freude, Geld, Lachen, Liebe, Macht, Luxus, Menschen, Prestige, Ruhm – je nachdem, was einem erstrebenswert erscheint. Was für ein Stress – und gleichzeitig ein Ablenkungsmanöver. Sobald wir im dritten Lebensdrittel angekommen sind, offenbart diese Taktik ihre Tücke: Die Angst vor dem Tod, vor dem wir nicht weglaufen können. So viele Bollwerke haben wir gegen den Tod errichtet, doch wer vor ihm zu fliehen versucht, läuft vor dem Leben weg. Der Hase ist immer schon da, gegen den Tod gewinnt keiner – mit ihm jeder.

Auch im Kampf gegen das Alter sind wir zum Scheitern verurteilt. Gewiss, man kann Falten glätten und Fett absaugen, Fleisch formen ... doch das Verfallsdatum ändert das nicht. Egal wie verzweifelt wir uns dagegen sträuben und gegen das Älterwerden aufbäumen und gleichzeitig versichern, dass es uns überhaupt nichts ausmacht, *nein du, ich habe überhaupt kein Problem mit dem Alter*, während wir zuweilen geradezu besessen versuchen, den Körper jung zu halten. Diese Anstrengungen kosten ziemlich viel Energie, von der man mit zunehmendem Alter naturgemäß weniger zur Verfügung hat. Und sie sind vollkommen sinnlos, denn gelöst wird das »Problem Alter« nicht mit seiner Leugnung, sondern nur mit seiner Akzeptanz, wie auch der letzte große Abschied. Mein Leben ist endlich. So ist es eben. Ich werde älter. Und ist es nicht wunderbar, wie weit ich es schon geschafft habe … Aber was kommt noch … dann … wenn … kommt überhaupt noch was? Ist da wer oder was? Hal-lo!

Je nach Tagesform kann das sehr bedrohlich wirken, besonders in der Nachtform, wenn man aufwacht und einen komische Gedanken überfallen. Wie lang habe ich noch und wie wird das Ende sein? Man hat Angst, eine Heidenangst – und behält sie für sich, wie auch sollte man darüber sprechen, es scheint keine Worte dafür zu geben, wenn die Welt so groß ist und man selbst so klein und … allein. So, wie man auf die Welt kommt, geht man.

Sehen wir der Tatsache ins Auge: Wir sterben. Ich sterbe, Sie sterben, das ist so. Nehmen Sie sich Zeit, diese unglaubliche Wahrheit in sich aufzunehmen. Wie geht es Ihnen? Schlägt Ihr Herz schneller, noch schlägt es. Wird Ihre Brust eng? Sind Sie vielleicht ein kleines bisschen neugierig? Sterben, das ist ja Neuland. Ist es nicht kurios, dass wir darauf nicht vorbereitet werden? Menschen können lernen, Mitarbeiter zu führen, Säuglinge zu wickeln, Atome zu spalten, Waschmaschinen zu reparieren. Aber sterben ... nein, tut mir leid, dafür haben wir keine Gebrauchsanleitung. Es gibt keinen Volkshochschulkurs, kein Zertifikat, keinen Meisterbrief, keinen Sterbeführerschein. Und das in

Deutschland, wo man für fast alles einen Befähigungsnachweis und einen Sturzhelm braucht. Anstatt sich gezielt auf den Höhepunkt des Lebens vorzubereiten, wird das Alter oft in Wiederholungen alltäglicher Verrichtungen oder auch Langeweile ausgesessen, denn die tollen Erlebnisse haben sich im Lauf der Zeit abgenutzt. Was wir mit zwanzig, dreißig herrlich finden, verliert an Glanz; es gibt immer weniger Premieren, und das schmerzt. Damals war das doch so schön … und manchmal glaubt man, etwas, das gar keinen Spaß macht, immer wieder versuchen zu müssen, damit es noch mal so schön wird wie damals. Ein Trugschluss – in jedem Alter gelten andere Spielregeln. Über die im letzten Lebensdrittel wissen wir wenig, es hat den Anschein als wäre das Spiel aus. Wir sind aber trotzdem noch da. Wohin mit uns? Vor die Glotze, auf die Harley, zum Schönheitschirurgen, ins Yoga, schon mal anmelden fürs betreute Wohnen? Zehennägel schneiden zum Beispiel soll ja zur Herausforderung werden im Alter. Entweder man sieht sie nicht oder sie sind eingewachsen oder man kann sich nicht mehr bücken oder man hat keine Kraft, die Zange zu betätigen. Das sind alles keine schönen Aussichten. Zum Glück gibt es noch eine andere Perspektive, die ich in diesem Buch beleuchten werde. Denn die eben genannte führt ja nicht zum Ziel, wenn wir uns gerade während unserer letzten Jahre um das kümmern möchten, was auf der Strecke geblieben ist: unsere spirituelle Entwicklung.

Im Unterschied zu vergänglichen Befriedigungen ist tiefes Glück spiritueller Natur. Falsch wäre es zu glauben, es bedeute, sich auf Kosten anderer das Beste zu sichern. Wohin wir auch blicken – fehlendes Mitgefühl führt ins Leid. Materieller Fortschritt und die Verbesserung des Lebensstandards dienen zwar unserem Komfort und auch unserer Gesundheit – doch niemals der Transformation des Geistes und einem dauerhaften Frieden mit uns selbst, mit der Welt.

Viele Menschen leiden an Depressionen, wenn sie, aus ihrem Arbeitsalltag »gerissen«, das Gefühl haben, nicht mehr gebraucht zu werden. Wenn sie mit diversen Zipperlein kämpfen, nicht mehr so recht wissen, was sie eigentlich tun sollen, die Tage so lang und grau sind, und sich die Zeichen mehren, dass man allmählich in die Zielgerade einläuft. Und man ist sehr allein, mehr als allein: einsam. Einsamkeit ist die Abwesenheit der Voraussetzungen für Glück und darüber hinaus in der westlichen Welt die Todesursache Nummer eins. Sie ist der Ausgangspunkt vieler schwerer Erkrankungen und erhöht das Sterblichkeitsrisiko deutlicher als Übergewicht, Drogenabhängigkeit, Alkohol, Nikotin und mangelnde Bewegung. Einsamkeit ist zwar keine Krankheit, doch in ihrer Folge entstehen viele mit häufig tödlichem Ausgang. Darüber hinaus ist Einsamkeit die Voraussetzung für die Entwicklung fast aller psychischen Störungen wie Depression, Angsterkrankungen bis hin zur Schizophrenie, und sie verstärkt die Alzheimer-Demenz. Für uns Menschen als soziale Wesen mit einem sozialen Gehirn ist Einsamkeit der größte mögliche Stressfaktor. Sie wird im Gehirn wahrgenommen wie körperlicher Schmerz. Erst ein Land hat darauf adäquat reagiert: Seit 2018 gibt es in England ein Ministerium für Einsamkeit. Was vielen wie ein Scherz vorkommen mochte, ist leider bittere Realität. Auch zwischen 10 und 15 Prozent der Deutschen leiden zeitweise unter Einsamkeit. Bei den über 85-Jährigen sind es 20 Prozent. In einer Stellungnahme der Bundesregierung aus dem Jahr 2019 zu »Einsamkeit und deren Auswirkung auf die öffentliche Gesundheit« zeigt sich außerdem, dass Einsamkeit in Deutschland zunimmt. Es sieht so aus, als entwickelten sich die geburtenstarken Jahrgänge im Alter zu einer sehr einsamen Generation – der Preis für ihre individualistische Lebensgestaltung? Alt und einsam ist bei uns zu einem Synonym geworden. In anderen Kulturen ist Einsamkeit kein Thema, gerade die dritte gilt als bedeutsame Lebensphase, vielleicht als die wichtigste. Erstaunlich, dass wir sie so oft regelrecht verschlafen.

In Indien sorgen die Kinder traditionell für ihre alternden Eltern, damit diese sich spirituell auf den Tod vorbereiten können. Das Sterben wird als Investition in das nächste Leben gesehen. So wie wir uns mehrheitlich um unser Rentenkonto kümmern, werfen spirituell orientierte Menschen einen Blick auf ihr Seelenkonto. Sie möchten – vereinfacht ausgedrückt – den Übertritt im Haben, nicht im Soll vollziehen, um dann in einem neuen Leben ohne Schulden zu beginnen. Dieses Streben führt automatisch aus der Einsamkeit heraus, weil es die Vorbereitung auf den Tod mit dem Leben verbindet – wie könnten wir da einsam sein! Das bedeutet auch, dass Buddhisten ihre Umwelt, die Erde, gut behandeln, denn nach ihnen kommt nicht die Sintflut, sondern ein neues Leben. Es geht also darum, nicht passiv auf den Tod zu warten oder sich lediglich darum zu kümmern, noch recht viel zu erleben, bevor alles aus ist, sondern den Tod bewusst zu gestalten, um uns in unserer besten Version von uns selbst zu verabschieden … und neu zu starten. Und so wie wir uns nachts betten – angenommen mit zwanzig Kilo Übergewicht – erwachen wir am anderen Morgen, auch wenn ein Diätratgeber verspricht: Schlank werden im Schlaf. Wenn wir mit Rachegedanken einschlafen, werden wir vermutlich nicht befriedet aufwachen. Das wissen wir. Aber wir ziehen den Kreis zu eng, wenn wir diese Gesetzmäßigkeiten auf eine einzige Existenz beschränken. Der Dalai Lama, der in letzter Zeit fast ein bisschen in Mode gekommen ist, beschreibt es so: »Ich glaube, Sterben ist in gewissem Sinne wie das Wechseln von Kleidern, wenn sie alt und abgetragen sind. Es ist nichts Endgültiges.«[1]

Wenn jemand in Tibet spürt, dass das Leben sich dem Ende zuneigt, möchte er seiner Familie damit nicht zur Last fallen. Die folgenden Einsichten helfen ihm dabei.

---

1. Dalai Lama, Meine spirituelle Autobiographie, Diogenes, Seite 92

1. Alle sind für alle verantwortlich

Jeder hat seinen Platz im Gefüge der Gemeinschaft und wird gewürdigt.

2. Alles hängt mit allem zusammen

So kann ein Schwerkranker in einem tibetischen Dorf die Gemeinschaft in eine schwierige emotionale und geistige Lage bringen.

3. Es gibt einen Zyklus von Reinkarnationen

Jeder wird geboren, stirbt und wird wiedergeboren. Es ist ein unendlicher Kreislauf, in dem die Seele, im Buddhismus sagen wir: das Bewusstsein, weiterlebt. Es existiert also keine tiefere Angst vor dem Sterben, denn es ist der Übergang in das nächste Leben. Mit der vollkommenen Erleuchtung enden die Zyklen der Reinkarnationen.

Das Ziel, wenn man es so nennen möchte, ist also nicht das Ende eines Lebens, sondern das Ende vieler Leben. Die günstigste Phase, um sich spirituell zu entwickeln, ist das Alter, indem wir die Pflanzen unserer Seelenlandschaft noch einmal hegen und pflegen, ja vielleicht die Wintersaat ausbringen … für eine reiche Ernte, wenn ein ganzes Leben dann … ja, warum nicht, abgeerntet wird und als Saat für ein neues dient.

Diese Philosophie hat mich von Anfang an fasziniert, und nunmehr beschäftige ich mich seit Jahrzehnten intensiv mit dem Buddhismus. Nach meinem Studium der Theologie, Psychologie und Pädagogik machte ich eine Ausbildung beim Gründer des Neuro-Linguistischen Programmierens NLP, Richard Bandler, in den USA, und war danach der jüngste Lehrtrainer Deutschlands. Seit dreißig Jahren unterrichte ich vor allem Unternehmer und Führungskräfte mit einem Schwerpunkt auf konkrete Führungsstrategien und intensive Persönlichkeitsentwicklung und arbeite seit vielen Jahren auch als buddhistischer Lehrer. Auf meinen vielen Reisen nach Asien und in den Jahren, in denen ich dort lebte, beschäftigte ich mich ausführlich damit, wie die Menschen mit dem Alter umgehen. Ich absolvierte eine dreijährige Ausbildung als buddhistischer Meisterschüler von Patchalie in einem Kloster in Chang Mai, nahm an unzähligen Retreats auch beim Dalai Lama teil, verbrachte Jahre in verschiedenen Klöstern und Ashrams und vollzog zehnmal das Phowa-Retreat, auch mit dem 17. Karmapa – eine buddhistische »Gebrauchsanweisung« für den Tod.

In unserer Kultur führt der Tod ein Schattendasein im Konjunktiv, wenngleich nichts realer ist als er, wie vielen Menschen erst während der Pandemie bewusst wurde. Je angestrengter wir versuchen, den Tod zu verdrängen, desto mehr Lebenskraft rauben wir uns. Wir mögen dann zwar sehr aktiv sein, doch wir spüren nicht, was wir tun, weil es für die Wahrnehmung den ganzen Menschen braucht, keinen seelisch Teilamputierten.

In unserem Alltag werden wir nur selten mit dem Tod konfrontiert. Das hat sich in der Coronazeit geändert, und wir haben gesehen, wie hilflos wir ihm gegenüberstehen. Früher und in vielen Teilen der Welt auch heute noch war der Tod allgegenwärtig, und es starben auch jüngere Menschen: Säuglinge, Kinder, Jugendliche, Mütter, Soldaten. Sie starben durch Hunger, Krankheit, Seuchen und Kriege und mangelnde medizinische Versorgung sowie katastrophale hygienische Bedingungen. Und es ging schnell, häufig durch Infektionen. Heute wird oft langsam und lang gestorben. Das gilt besonders für ältere Menschen mit fortgeschrittenen Krebserkrankungen und chronischen Krankheiten. Früher war der Tod ein vertrauter Zeitgenosse. Familie, Freunde, Nachbarn verbrachten die letzten Stunden am Bett des sterbenden Menschen. Es wurde gemeinsam gebetet und Abschied genommen. Gemeinsam wurde der Verstorbene gewaschen und angekleidet, hergerichtet für die Aufbahrung. Und wieder saßen die Verwandten und Freunde bei ihm und hielten die Totenwache. Sie konnte mehrere Tage dauern, und bei einer Beerdigung wurde der Sarg offen durch das Dorf getragen. Heute sind die Särge von den Straßen verbannt und einige Bestattungsunternehmen verzichten auf alles, was das Dienstfahrzeug als Leichenwagen entlarven könnte. Die Sterbenden und Toten werden aus dem Alltagsleben entfernt und professionellen Kräften zur Bearbeitung, ja vielleicht ein Stück weit sogar zur »Ent-Sorgung« übergeben. Das mündet in eine vermehrte Unsicherheit im Umgang mit Sterben und Tod. Denn den Tod, den wir vor Augen haben – jeden Tag hundertfach oder tausendfach, je nachdem, wie lange wir vor dem Bildschirm sitzen, der ist virtuell, nicht aus Fleisch und Blut. Kühl im Kasten. Echte Tote, vielleicht die Eltern oder Großeltern, wie schlafend im Bett liegend, haben die wenigsten Menschen gesehen, aber Tausende von Toten im Fernsehen. Und sie alle, das sollten wir nie vergessen, werden wiedergeboren, stehen nach ihrer Szene wieder auf und leben weiter, wenn auch in einer anderen Rolle als in diesem Film. Sie haben die Kleider gewechselt …

Vielleicht ist der Tod ein so faszinierendes Thema in meinem Leben, weil ich selbst zwei außerkörperliche Erlebnisse hatte, die sich wie Sterben anfühlten. Beim ersten war ich zwölf Jahre alt und lag nach einer schweren Masernerkrankung mit Meningitis in der Kieler Universitätsklinik – oder wer lag da im Bett, wen sah ich von oben? Genauso beim zweiten Mal im Alter von etwa dreißig. War ich das oder nur meine Hülle, die ich beobachtete? Mir dienten diese Nahtoderlebnisse als Beweise dafür, dass es mehr zwischen Himmel und Erde gibt, als wir gemeinhin glauben – und im Laufe der Jahre habe ich viele weitere gesammelt – selbst erfahrene und von anderen gehörte und gelesene. Je intensiver ich mich mit dem vermeintlich grauen Tod auseinandersetzte, desto bunter wurde mein Leben. Ich nahm wahr, wie die ängstliche Abspaltung des Todes von der Lebensfreude trennt. Das erkennen die meisten

Menschen, wenn sie in die Nähe des Todes kommen, wenn sie einen lieben Angehörigen oder Freund verlieren. Danach ist alles anders als davor. Der Tod hat sie gestreift und ihnen Lebendigkeit geschenkt, trotz aller Trauer. Doch die bleibt nicht für immer. Man setzt sich nicht einmal ein bisschen mit dem Tod auseinander und dann reicht das bis zum Sankt Nimmerleinstag. Die Vorbereitung auf den Tod ist ein Langzeitprojekt, bedarf regelmäßiger Praxis, und idealerweise lässt man sich von Fachleuten unterweisen, in meinem Fall Lamas, also buddhistischen Priestern. Die verstehen ihr Handwerk, denn in ihrer Lehre spielt der Tod eine Schlüsselrolle. Wenn der Motor meines Autos stottert, bringe ich es nicht zur Logopädin, sondern in die Kfz-Werkstatt. Der Buddhismus ist die Werkstatt, die sich am intensivsten mit dem Tod beschäftigt hat, also bin ich hier Kunde geworden, kann sein, dass das an meiner *Déformation professionelle* als Coach liegt: Wir sind zwanghaft lösungsorientiert und suchen stets den schnellsten und erfolgversprechendsten Weg. Während unsere westliche Welt Erfolg vor allem an äußerlich Sichtbarem misst – mein Hausboot, mein Hafen, mein Hummer – zählt in der östlichen Welt die innere Entwicklung, die auch sichtbar ist, sie strahlt geradezu ab. Menschen, die keine Angst haben, nach innen zu blicken, sind zufriedener mit ihrem Leben. Sie wirken oft jünger, erreichen also genau das, was andere, die den Tod ignorieren, so unbedingt erstreben. Sich mit dem Sterben auseinanderzusetzen hält jung! Sich bei lebendigem Leib wie tot zu fühlen macht alt. Das kann man an Menschen beobachten, die sich innerlich aufgegeben haben, weil sie keine Sinnhaftigkeit mehr im Leben sehen, es gibt keine Ziele mehr zu erreichen, sie drehen ihre letzten Schleifen in der Warteposition. Worauf warten sie? Auf den Tod, aber nicht freudig, sondern eher fatalistisch, ergeben und voller Angst, Lämmchen zur Schlachtbank. Häufig wird die Vergangenheit glorifiziert nach dem Motto: Früher war alles besser. Kein Wunder, dass die Gegenwart schal wirkt und sich Gefühle der Trauer, Unzufriedenheit, Antriebslosigkeit, manchmal Verbitterung einstellen. Da hat man sich sein Leben lang aufgearbeitet für die Firma – und was bleibt? Menschen, die unvorbereitet aus dem Beruf ausscheiden, sterben manchmal kurz nach ihrer Pensionierung – weil sie sich vollständig mit dem identifizierten, was sie darstellten. Ich bin die Deutsche Bank, ich bin Siemens. Diese Vermischung habe ich gehäuft im Führungskräftecoaching erlebt. Wenn die Deutsche Bank wegbricht und das Eckbüro mit Fenstern und das Vorzimmer mit den beiden Damen und der Firmenwagen mit Chauffeur … was bleibt dann? Und was bleibt ein paar Etagen tiefer bei den Sachbearbeiterinnen und im Lager? Warten auf den Tod? Nein, natürlich nicht, man will sich seinen Hobbys widmen, falls man welche hat, oder endlich anfangen mit Klavier und Reiten und viel Lesen und Spazierengehen – und ein Ehrenamt, natürlich. Wie wäre es mit einem Ehrenamt an sich selbst? Sich endlich mal um sich selbst kümmern, aber nicht mit neuen Spielzeugen, sondern auf der großen Spielwiese der Seele. Alles ist schon da. Es war immer da. Wir haben es nur so lange nicht beachtet, weil wir im Hamsterrad des Alltags hetzten. Eines Tages wird es stillstehen. Und dann ist es gut, vorbereitet zu sein.

Ein Ehrenamt an sich selbst

Bestimmt sind Sie schon einmal einem älteren Menschen begegnet, der Sie beeindruckt hat. Ein Mensch, der eine besondere Ausstrahlung hat, einer, der in sich ruht, das Leben genießt, gelassen und rundum zufrieden wirkt, als stünde er mitten im Leben, auch wenn er dafür eigentlich zu alt ist laut herkömmlicher Be-, sprich Verurteilung. Ein Mensch, der andere anzieht und bei dem man vergisst, nach dem Alter zu fragen, weil etwas anderes überwiegt: sein Charisma. Ja, auch diese Facette des Älterwerdens gibt es, und oft sagen wir über solche Menschen: Er ist jung geblieben. Was der Betreffende gar nicht beabsichtigte, er ist einfach lebendig, und das hat Auswirkungen auf seine Gesundheit, sein Immunsystem und sein Aussehen. Wenn der Geist sich weiterentwickelt, zieht der Körper mit. Wird der Geist träge, erschlafft auch der Körper. Die Motivation, den Geist zu trainieren, hält den Körper jung. Gibt es eine schönere Lockung als jene, sich zu seinem höchstmöglichen Seinszustand zu entwickeln, bevor man diesen physischen Körper verlässt? Ein bewusst lebender Mensch ist ein Vorbild für andere, und keine Belastung für Kinder und Enkel. Man wendet sich ihm nicht aus Pflichterfüllung zu und weil man so erzogen wurde, sondern verbringt gern Zeit mit ihm. Und wenn er nicht mehr unter uns weilt, sprechen wir weiterhin von ihm, weil wir von ihm gelernt haben; und sein Strahlen wärmt uns noch immer.

Im Glück strahlen wir – und das ist sogar messbar im elektromagnetischen Feld. Glückliche Menschen ziehen andere magnetisch an, die sich in ihrem Umfeld sonnen, weil das angenehmer ist, als im Feld eines Griesgrams im Schatten zu hocken. Alles ist ein Wechselspiel, Geben und Nehmen. Wir sind keine Opfer, sondern Gestalter unseres Lebens, bis zum Ende.

So bin ich davon überzeugt, dass uns die Beschäftigung mit dem Tod jung und gesund erhält – wenngleich das nicht das Ziel der Übung ist, sondern ein Nebeneffekt. Gehen wir noch einen Schritt weiter und betrachten den Tod als Stufe auf einer Treppe, anstatt als Tritt ins Nichts, erkennen wir weitere Vorteile:

- Wer glaubt, dass er auf die Erde zurückkommt, wird die Natur schützen, er möchte schließlich nicht in eine Mülldeponie geboren werden.
- Wer glaubt, dass auf gute Taten Gutes folgt, wird sich seine Handlungen überlegen. Denn auf schlechte Taten folgt Schlechtes.
- Wer glaubt, dass alles miteinander verbunden ist, erkennt auch, dass Verletzungen, die er an anderen begeht, zu ihm selbst zurückkehren.

» Wer an Reinkarnation glaubt, erfährt eine starke Motivation für seine Zukunft. Gerade sie nimmt im Alter oft ab. Dabei ist es die beste Zeit, sich sinnstiftend damit auseinanderzusetzen.
» Wer glaubt, dass jeder Moment zählt, driftet nicht in die Vergangenheit ab nach dem Motto: Früher war alles schöner. Sobald wir den Gedanken verinnerlichen, dass wir uns für unser nächstes Leben vorbereiten, sind wir nicht nur motiviert, sondern auch im Jetzt, also in der einzigen Zeitspanne, in der Glück existiert.

Und selbst wenn Sie das alles nicht glauben – was mich betrifft, glaube ich nicht, sondern bin überzeugt – profitieren Sie von einer veränderten Haltung, weil Sie dann für sich selbst und Ihre Mitmenschen eine Freude sind!

Wissen ist nicht Glauben

Reinkarnation ist mehr als eine Glaubenssache, es gibt Beweise, doch natürlich können sie angezweifelt werden. Wer die buddhistische Philosophie ablehnt, wird auch Gründe gegen seine Wiedergeburt finden. Interessant wäre es herauszufinden, warum das so ist. Nur darauf zu beharren, dass man schließlich nicht mit Stäbchen isst, sondern mit Messer und Gabel würde für mich trotz meiner Sozialisation in einem deutschen Elternhaus mit einer frommen Großmutter nicht gelten. Wenn ich fragen darf: Haben Sie sich schon einmal gefragt, warum Sie nicht an Wiedergeburt glauben können oder wollen?

An dieser Stelle möchte ich den Dalai Lama zu Wort kommen lassen. Seine Heiligkeit kennt sich in dem Thema aus, ist mehrfach wiedergeboren: »Soweit ich weiß, hat es noch kein moderner Psychologe, Physiker oder Neurowissenschaftler vermocht, die Erzeugung von Bewusstsein aus Materie oder ohne Ursache zu beobachten oder vorauszusagen. Es gibt Menschen, die sich an ihr unmittelbar vorausgegangenes Leben oder sogar an mehrere frühere Leben erinnern können und auch in der Lage sind, Orte und Verwandte aus diesen Leben wiederzuerkennen. Es gibt viele Menschen im Osten wie im Westen, die sich Ereignisse und Erfahrungen aus ihren früheren Leben ins Gedächtnis rufen können. Dies zu leugnen wäre keine aufrichtige und unvoreingenommene Art zu forschen, denn es liefe diesen offensichtlichen Beweisen zuwider. Das tibetische System der Erkennung von Reinkarnationen ist eine authentische Untersuchungsform, die auf der Erinnerung von Menschen an ihre früheren Leben basiert.«[2]

Mich persönlich hat die Geschichte von Barbro Karlén fasziniert, die schon als Kind behauptete, sie heiße nicht Barbro, sondern Anne, mit Nachnamen Frank und, 1954 in Göteborg geboren, über ein Wissen verfügte, das auch Zweifler verblüffte. So fand sie im Kindesalter unter anderem in Amsterdam, einer Stadt, die sie niemals zuvor besucht hatte – und Google Maps gab es auch noch nicht –, ohne Schwierigkeiten »ihr« Versteck, in dem sie sich wie zu Hause fühlte und Dinge wusste, die niemals veröffentlicht worden waren, von Zeitzeugen jedoch bestätigt wurden.

Viele Menschen lehnen die Lehre der Wiedergeburt ab, weil sie glauben, alle wollten nur berühmte Persönlichkeiten gewesen sein. Doch in solchen Fällen ist es natürlich einfacher, etwas nachzuprüfen. Da aber über eine Person von öffentlichem Interesse mehr Fakten bekannt sind – die, so die Kritiker, sich jemand angelesen haben könnte –, auch schwieriger.

Was mich betrifft, brauche ich keine Beweise mehr. Ich fühle eine tiefe innere Gewissheit, dass ich wiedergeboren wurde und werde. Die Vorstellung, dass ich einen kleinen Einfluss auf mein

2. http://de.dalailama.com/the-dalai-lama/biography-and-daily-life/reincarnation

Ableben habe und meinen Geist vorbereiten kann auf dieses wichtige Erlebnis, hat mich beflügelt, mich immer tiefer mit diesem Thema zu beschäftigen. Zudem hat mich die Verheißung, dadurch einem Patientendasein im hochaufgerüsteten Techniktempel Klinik oder einer Aufbewahrungsanstalt für Senioren zu entfliehen, wo ich, unter Umständen halb tot am Leben gehalten würde, zur Betrachtung der Alternativen des Abschieds motiviert. Für einen Buddhisten sehen sie folgendermaßen aus: Wenn ich sterbe, verlasse ich diese alte Maschine, um eine neue zu erwerben, um weiter Erfahrungen zu sammeln. Ich praktiziere Phowa, den Bewusstseinsübergang in andere geistige Ebenen, um einerseits meiner Umgebung nicht zur Last zu fallen, wenn die Maschine mit Totalschaden ausfällt. Andererseits, um meinen Geist zu schulen, sich in die geistigen Ebenen zu bewegen. Niemand muss mich retten, für niemanden bin ich ein Opfer, niemand kann mich nach dem Tod anklagen, ich wäre eine Belastung gewesen.

Am schönsten und intensivsten ist die Phowa-Meditation in einer Gruppe. Ich habe zehnmal je acht Tage daran teilgenommen, auch mit 3000 Buddhisten und dem 17. Karmapa. Nichts an all den Meditationen über die letzten vierzig Jahre hat mich so beeindruckt wie dieses aus dem Körper zu gleiten und in weite Ebenen zu strömen. Der geistige Raum ist bezaubernd, glitzernd, funkelnd, leuchtend, im Körper wird es so weit, als hätte man gar keinen Körper. Diese Erfahrung konnte ich auch in meine Arbeit einfließen lassen, und sie hat mir beim Tod meines Vaters geholfen. Ja, wir können auch anderen Menschen in ihrer letzten Lebensphase beistehen. Wir brauchen keine Angst vor dem Tod zu haben, und wir können uns ihm ein Stück weit annähern, indem wir andere auf ihrer Reise begleiten.

Ich hatte eine sehr intensive Beziehung zu meinem Vater. Er war Dirigent und Komponist, ein charismatischer Leader, eine süße

Seele, wenngleich belastet durch die Wirren des Zweiten Weltkrieges. Als Kind saß ich unzählige Stunden neben ihm am Klavier, ob zu Hause oder in Konzertsälen. Diese Erlebnisse haben mich geprägt. Als seine zweite Frau mich anrief und mir mitteilte, dass es jetzt wohl zu Ende gehe, beschloss ich, meinen Vater mit Phowa zu unterstützen. Er war Christ, hatte allerdings seine Mühe mit der Kirche als Institution und war eigentlich ein Freigeist. Wir hatten häufig über praktisches Christentum und den Unterschied zur Institution gesprochen.

Und nun saß ich wieder neben meinem Vater, meinem lieben Vater. Sein Körper war stark angeschwollen, auch seine Hände, die Finger. Kein Klavierton erfüllte den Raum, sondern das Pumpen und Surren der Maschinen. Ich schloss meine Augen, um seiner Seele nah zu sein.

Ich sagte innerlich: »Hey Alter«, so meldete er sich früher immer am Telefon: Hier ist dein Alter.

Ich hörte sein Ja.

»Vati, ich liebe dich sehr. Möchtest du, dass ich dir helfe, diesen Körper zu verlassen?«

Abermals hörte ich sein Ja, und es wurde weit, leicht und hell in mir. Das Licht unserer Seelen resonierte, wie ich es seit meiner Kindheit kannte. So nahm ich ihn nun mit auf die Reise durch unsere gemeinsame Geschichte und spürte, er war da. Bewusstsein, eine Ebene höher, wie im Schlaf und doch ganz wach. Erinnerungen … sein Besuch im Krankenhaus, ich war fünf Jahre alt, und er brachte mir eine Briefmarke von John F. Kennedy, unsere vielen Reisen und Konzerttourneen ...

Der Raum wurde größer, weiter und heller, mit unendlicher Liebe gefüllt. Nach einiger Zeit in diesen traumhaften farbigen Bildern fragte ich ihn ohne Worte: Soll ich dir helfen, jetzt aus dem Körper zu gehen in die weiten Ebenen von Buddhas reinem Land? Wenn du willst, kannst du auch in den Himmel Jesu strömen. Sein Ja erfüllte den Raum.

Später trank ich auf dem Krankenhausflur einen scheußlichen Kaffee aus einem Plastikbecher mit meinem Bruder und der Frau meines Vaters. Wir waren uns einig, die Ärzte, die uns auf einen langen Prozess und »Todeskampf« vorbereitet hatten, zu bitten, die lebenserhaltenden Geräte in zwei Tagen abzustellen. Wir waren kaum zwei Stunden zu Hause, da rief das Krankenhaus an. Wider Erwarten war mein Vater gestorben. Er hatte losgelassen. Mich durchflutete ein großer heller, warmer, weiter, goldener Strom von Glück. Und Dankbarkeit.

Ein neuer Blick auf das alte Leben

Alles hat seine Zeit. Auch Menschen, die mit dem Älterwerden Probleme haben, schätzen die Gelassenheit, die es mit sich bringt. Man regt sich nicht mehr so schnell auf oder verliert das innere Gleichgewicht, man hat gelernt, dass sich nach einer Nacht darüber schlafen auch die Perspektive gewendet hat. Ja, die ganze Welt erscheint anders, wenn man sie aus zehn-, dreißig- oder sechzigjährigen Augen betrachtet. Menschen durchlaufen verschiedene Entwicklungsstufen. Noch immer verbreitet ist die irrige Vorstellung, ein neuer Mensch sei wie ein weißes Blatt Papier, auf das die Eltern ihren Wunschzettel notieren, den das Kind dann mehr oder minder erfolgreich zu erfüllen versucht, wodurch unter Umständen zukünftige Arbeitsplätze in therapeutischen Berufen gesichert werden. Kurz vor der Pubertät fängt der junge Mensch an, seine eigenen Interessen und Vorstellungen auszubilden, er legt sich seine Welt zurecht und sucht sich einen Platz darin. Manche brauchen länger, bei anderen geht es schneller, bis zum dreißigsten Lebensjahr ist diese Phase in der Regel abgeschlossen. Man hat nun schon etwas aus seinem Leben »gemacht«, Ausbildungen absolviert, wichtige Erfahrungen, auch sexuell, mit anderen Menschen gesammelt. Alles ist bereit, um in die zweite Phase zu starten, zwischen dreißig und sechzig so richtig ranzuklotzen. Karriere,

Familie, Dach überm Kopf oder in anderer Reihenfolge, was durch ein allmähliches Nachlassen sexueller Triebhaftigkeit erleichtert wird. Natürlich gibt es innerhalb der Phasen noch viele andere Einflüsse und auch zeitliche Verschiebungen. Klar ist, dass in Phase eins und zwei wenig Zeit für Kontemplation und Meditation bleibt. Dafür umso mehr in unserer dritten Lebensphase, der Hochzeit unserer geistig-seelischen Entwicklung.

Die Saat der Zukunft

Als Coach erarbeite ich mit meinen Klienten gelegentlich einen Organisationsentwicklungsplan – wo soll ein Unternehmen in einem, in drei, in fünf Jahren stehen. Manche denken noch weiter in die Zukunft und einige bis in die nächste Generation, so wie Olivenbauern und Waldbesitzer, denen bewusst ist, dass die Bäume, die sie heute pflanzen, erst ihre Kinder und Enkel ernähren werden. Anstatt nur an die Kinder und Enkel zu denken, die in einer schönen und sicheren Umgebung aufwachsen sollen, denken wir in der buddhistischen Philosophie auch an uns selbst: Wir säen in der dritten Lebensphase nicht bloß für morgen, sondern langfristig strategisch auch für übermorgen, für unser nächstes Leben. Es ist uns bewusst, dass wir im neuen Leben dort anknüpfen werden, wo unser Lebensfaden im alten Leben endete. Also: Wo und wie wollen wir neu starten?

Bequemlichkeiten wie Boxspringbetten oder Klimaanlagen zählen zwar nicht zu den buddhistischen Must-haves, doch für ein Gedankenspiel: Wollen Sie heute schon dafür sorgen, morgen in einem klimatisierten Raum mit Boxspringbett aufzuwachen oder verzichten Sie auf diese Investition in Ihre Zukunft und boxen sich dann womöglich in den Slums einer Großstadt irgendwie durch, blöd gelaufen. Und das wären erst mal nur die äußeren Bedingungen, denn natürlich kann man in einem sauberen, weichen, kuscheligen Boxspringbett Depressionen kriegen und sich in einem Slum im Kreise seiner Familie und Freunde trotz aller äußeren Widrigkeiten innerlich gut aufgehoben fühlen. In der buddhistischen Lehre kommt es einzig und allein auf die Entwicklung an, deren Gesetzmäßigkeiten wir als Menschen nur ahnen können. Manche von uns, weise Lehrer, ahnen so viel, dass sie wissen. Gewiss ist: Es geht um unser Fortkommen im Dasein. Wie geht ein Mensch mit den Gegebenheiten um, ja man könnte salopp fragen: Macht er das Beste daraus? Was das Beste ist, kommt jedoch auf die Perspektive an, wobei das Beste in allen Weltreligionen ähnlich klingt – im weitesten Sinne geht es darum, ein weiser Mensch zu werden. Der Buddhismus ist übrigens keine Glaubensreligion wie das Christentum, aber in vielen Ländern wurde aus der Weisheitslehre des Buddhismus eine Religion, und Buddha wird stellenweise wie ein Gott verehrt. Doch Buddha ist kein Gott. Der Buddhismus setzt sich auch weniger mit der Frage auseinander, wer die Welt erschaffen und wie lange das gedauert habe, sondern sucht Antworten auf existenzielle Fragen des Daseins. Buddha ist ein weiser Lehrer, und als Schüler können wir ihm folgen, um unsere Leben leichter, freier, verbundener und glücklicher zu gestalten.

Überspitzt gesagt könnte man anmerken, dass der Buddhismus die ideale Lebensform für Egoisten sei – mit der großen Nebenwirkung, dass es dann allen gut geht. Der Dalai Lama formulierte es auf einem Kalachakra-Retreat, an dem ich 2011 teilnahm, so: »Das Einzige, bei dem man wirklich Egoist sein darf, ist die eigene spirituelle Entwicklung.«

Eine Religion beinhaltet immer ein Glaubenssystem, das auf einer Metaphysik sowie auf Riten, Dogmen und Gebeten gründet. In der spirituellen Praxis widmen wir uns mehr der Entwicklung von menschlichen Fähigkeiten wie Liebe, Mitgefühl, Toleranz, Vergeben, Geduld, Verantwortungsgefühl – den inneren Werten, die eine Quelle des Glücks für uns Menschen sind, unabhängig von jeder Religion.

Der Schock der Stille

Buddhisten denken in größeren Zeiträumen, und jede Generation hat ihre eigenen Themen. Viele Sorgen unserer Eltern und Großeltern unterscheiden sich von unseren. Heute kräht kein Hahn mehr danach, wenn die Haare junger Männer ihre Ohren bedecken – einst Anlass zu schlimmsten Befürchtungen. Fast noch schlimmer: Wenn Frauen mit fünfundzwanzig noch nicht unter der Haube waren. Gleich geblieben ist die Tatsache, dass wir in einer Illusion leben, *Samsara* wird sie im Buddhismus genannt. In unserer verrückten paradoxen Welt sind viele Menschen innerlich verwirrt, orientierungslos. Alles ist zu viel, zu schnell, zu laut – und nach außen verlagert. Innen drin wird es dunkel und einsam, man kennt sich nicht mehr aus und glaubt, mit immer neuen Dingen, Navigationsgeräten, Klarheit zu schaffen. Alle Energie ist nach außen gerichtet und an den Likes wird abgelesen, wer man ist, ob man überhaupt noch da ist. Bitte alles, bloß keine Stille. Vor einiger Zeit sorgte eine Studie für Aufsehen, die deutlich zeigt, was geschehen kann, wenn wir es mit uns selbst nicht mehr aushalten. Es gibt tatsächlich Menschen, denen Elektroschocks lieber sind, als nichts zu tun. So kann man sich fragen, wie realistisch die Sehnsucht nach »endlich mal Zeit für mich« ist.

Meditieren, Tagträumen oder einfach mit seinen Gedanken allein sein fällt vielen Menschen immer schwerer. Forscher um Timothy Wilson von der University of Virginia zeigten in einer Reihe von Experimenten, dass zahlreiche Personen das Alleinsein mit sich als unangenehm empfinden.[3] Vor allem Männer verpassten sich lieber Elektroschocks, als ohne weitere Beschäftigung ihren Gedanken nachzuhängen, berichtet das Magazin *Science*. Collegestudenten sollten sechs bis fünfzehn Minuten in einem schmuck-

---

3. www.focus.de/wissen/mensch/psychologie/sperrfrist-20-uhr-viele-maenner-koennen-nicht-mal-15-minuten-allein-sein_id_3964296.html

losen Raum ihren Gedanken nachhängen. Die meisten fanden es schwierig, sich zu konzentrieren, und die Hälfte fand diese Zeitspanne unangenehm. In einem weiteren Versuch gaben die Wissenschaftler einigen Versuchspersonen die Möglichkeit, sich einen leichten Elektroschock zu verabreichen, wenn ihnen das Nichtstun zu viel wurde. Während fünfzehn Minuten »Entspannung« entschieden sich zwölf von achtzehn Männern und sechs von vierundzwanzig Frauen für die Spannung: Elektroschocks, obwohl die Probanden die Elektroschocks während der Demonstration als schmerzhaft empfanden. Ein Ergebnis, das schockt? Oder vielmehr eine logische Konsequenz, wenn man überhaupt nicht mehr daran gewöhnt ist, mit sich allein zu sein ohne Ablenkung? Aber das wird sich jetzt ändern!

Willkommen im dritten Lebensdrittel, willkommen in der Kachelofenwärme der Seele, auch ein Sofa gibt es dort, daheim in uns selbst, es ist still, aber nicht isoliert, es ist frei, aber nicht verloren, es ist klar, aber nicht einsam. Wir atmen ein und wir atmen aus und alles ist gut, verbunden mit allem und allen. Die tiefe Erkenntnis, dass in einer auf Teilnahme beruhenden Wirklichkeit des Lebens alles mit allem in Beziehung steht, zeigt sich auf individueller Ebene im Mitgefühl füreinander und auf kollektiver Ebene in universaler Verantwortlichkeit. So formulierte es auch der Dalai Lama bei seiner Rede zur Verleihung des Friedensnobelpreises 1998: »Die Probleme, mit denen wir heutzutage konfrontiert sind – Gewalt, Krieg, Umweltzerstörung, Armut oder Hunger –, sind von uns Menschen selbst geschaffen. Daher können sie auch durch menschliche Anstrengung gelöst werden, vorausgesetzt, wir verstehen, dass wir Schwestern und Brüder sind, und entwickeln ein Gefühl für diese unsere Verwandtschaft miteinander. Was uns fehlt, ist das Gefühl der Verantwortlichkeit füreinander, das wir auf den ganzen Planeten ausdehnen müssen, der uns allen gemeinsam anvertraut wurde.«

Mit den Buddhas leben, das heißt für mich daheim sein – und dieses Gefühl der Freiheit und Geborgenheit, der Verbundenheit und Leichtigkeit wünsche ich allen Menschen: Ein Leben in Buddhas reinem Land oder im Reich Gottes, wie auch immer man es nennen mag. Eine friedvolle, sich selbst entwickelnde Welt … was hindert uns daran, uns auf den Weg zu machen? Jetzt, in unserem letzten Lebensdrittel ist die rechte Zeit dafür. Und das hat auch Auswirkungen auf unsere unmittelbare Zukunft, wie die Wissenschaft der Epigenetik erforscht: Dass wir mit unserem Geist, unserer Haltung im Leben unsere Gene beeinflussen, die wiederum unsere Körperzellen gestalten. Wir geben vereinfacht ausgedrückt nicht nur die Farbe unserer Augen und Form unserer Ohren weiter, sondern auch die Farbe unserer Lebenseinstellung, hell oder dunkel.

Es gibt viele faszinierende Geschichten über die Verbindung zwischen Geist und Genen. Eine hat mich besonders beeindruckt, weil sie trotz ihrer Tragik zeigt, dass wir nicht altern müssten, wenn wir nicht wollten. Wobei ich vorausschicken möchte, dass ich den »Preis« einer körperlichen Alterung sehr gerne bezahle für die Erfahrungen und Reifung des Geistes. Der amerikanische Autor Orison Swett Marden berichtet in seinem Buch »Why grow old« von einer jungen Frau, die Anfang des letzten Jahrhunderts in der Psychiatrie landete, nachdem sie von ihrem Geliebten verlassen wurde. Er hatte ihr im wahrsten Sinne des Wortes das Herz gebrochen – heutzutage ist das Broken-Heart-Syndrom eine anerkannte Diagnose. Die junge Patientin floh aus der Wirklichkeit in eine Fantasiewelt, in der sie täglich mit der Rückkehr ihres Geliebten rechnete. Geistig umnachtet, aber in der Liebe rosig blühend, wartete sie fünfzig Jahre lang auf ihren Prinzen – und im Alter von siebzig Jahren wurde sie noch immer auf zwanzig Jahre geschätzt – ihr Körper folgte ihrem Geist.

Genauso faszinierend finde ich die unterschiedlichen Krankheitsbilder bei gespaltenen Persönlichkeiten, die sich im selben Körper abzeichnen. So kann eine der multiplen Persönlichkeiten an Diabetes leiden, die andere nicht – je nachdem, welche Persönlichkeit sich gerade Blut abnehmen lässt! Oder eine ist blind, die andere sehend.[4]

Solche Beispiele zeigen mir immer wieder, welche Kraft in unserem Geist steckt. Nutzen wir diese Kraft für oder gegen uns? Wer oder was hindert uns daran, sie für uns zu nutzen? Das nehmen wir im nächsten Kapitel unter die Lupe.

4. https://www.welt.de/wissenschaft/article1989274/Gleichzeitig-blind-und-sehend.html

Erster Teil: Reisevorbereitungen

Reisegesellschaft:

Mit welchen Gefährten teilen wir unser drittes Drittel?

Wem würden Sie diese Beichte anvertrauen: Ohne den Ehemann, die Ehefrau, die Kinder … auf und davon. Endlich mal die eigenen Wünsche wahr werden lassen. Endlich mal ich selbst sein – wer ist das überhaupt, gibt es mich noch, nachdem ich ein Leben lang vor allem für die anderen gelebt und Ansprüche erfüllt habe, die wenig mit mir zu tun hatten? Und selten Zeit für meine eigenen Bedürfnisse hatte …

Im letzten Lebensdrittel denken wir zuweilen ketzerisch, und das ist wichtig, denn wenn wir immer das Gleiche tun, werden wir auch das Gleiche erleben. Allmählich kommen wir in ein Alter, in dem wir Zeit haben für etwas Neues. Nach der Karriere im Beruf bricht die Zeit der Berufung an. Hören Sie den Ruf? Die Stimme tief in uns, die lockt: Komm nach Hause! Zu dir selbst! An diesem Ort tief in Ihrem Inneren sind Sie gleichzeitig überall und mit allem verbunden. Das ist die Heimat der Seele. Wirklich geborgen sind wir nur in uns selbst. Doch viele Menschen haben diese Zuflucht verloren, weil die Ablenkungen so laut und grell und allgegenwärtig sind. Unsere Aufmerksamkeit ist ständig nach außen gerichtet. Wir kommen nicht mehr über innen, wie man im Fußball sagt. Alles läuft über außen, was im Fußball auch gut so ist. In der buddhistischen Denkweise gilt das als Ablenkung vom Wesentlichen. Aber was ist wesentlich? Wir finden es nicht auf dem

Sofa oder in der Chipstüte und auch Alexa hat keine Ahnung. Vielleicht eine Siri kaufen? Aber eigentlich haben wir gar keine Lust auf noch mehr Zeug. Wir wissen doch, dass die Freude daran schnell schal wird. Das kennen wir alles schon. Oft machen wir nur mit, weil wir uns und anderen damit beweisen könnenwollensollenmüssen, dass wir noch dazugehören. Dass wir noch nicht zum alten Eisen zählen. Wäre jetzt nicht der richtige Zeitpunkt, unsere Aufmerksamkeit nach innen zu lenken? Dorthin, wo wir Antworten finden. An den Ort, wo wir mit allen essenziellen Nährstoffen versorgt werden, um in unserer Zukunft in diesem und im nächsten Leben weiterzuwachsen. Wer wächst mit uns – und wer bleibt vielleicht auf der Strecke? Was uns aber wiederum nicht von unserem eigenen Weg abbringt. Denn wenn wir lebenslänglich auf falschen Pfaden unterwegs sind, kommen wir niemals ans Ziel.

Fühlen wir uns wohl mit unseren Gefährten? Sie alle bringen ihre Stimmungen, Meinungen, Einstellungen mit in unser Leben, beeinflussen unsere Stimmungen, Meinungen, Einstellungen. Passt das noch so gut, wie es früher einmal gepasst hat? Und was wäre, wenn wir das Resümee wagen würden, dass unsere gemeinsame Zeit vielleicht vorüber ist, auch wenn uns manche Menschen seit Jahrzehnten begleiten? Ob in der Liebe oder Freundschaft, ob beruflich oder privat. Vielleicht treffen wir uns nur noch aus Gewohnheit? Wäre das nicht unfair den anderen gegenüber? Wir selbst möchten ja auch nicht wie ein lästiger Termin abgehakt werden. Und was ist, wenn wir feststellen, dass wir zu einigen unserer Freunde keine solche Verbindung mehr spüren wie in unserer Jugend? Warum halten wir trotzdem an ihnen fest? Hauptsache, wir sind nicht allein? Wenn wir ankommen in unserem Inneren, sind wir nie wieder allein!

Um etwas über die Qualität einer Beziehung herauszufinden, können wir nach einer Begegnung mit dem anderen Menschen in uns hineinspüren. Fühlen wir uns gut genährt, beschwingt, positiv aufgeladen, inspiriert? Oder sind wir ärgerlich, genervt, angespannt, müde, erschöpft, deprimiert?

Warum trinken wir immer wieder die ganze Flasche, wenn wir doch wissen, wie es uns am nächsten Tag geht?

Warum achten wir so wenig auf uns – und unseren Körper? Ohne den wären wir gar nicht da. Warum schenken wir unserer Seele so wenig Aufmerksamkeit? Vielleicht haben wir sie in den Jahren und Jahrzehnten in all dem Trubel und der Macht der Gewohnheit schlichtweg vergessen. Nun ist die Zeit der Wiederannäherung, des Anknüpfens. Denn die innere Heimat ist ja da. Wir waren nur lange nicht zu Hause. Deswegen müssen wir vielleicht erst den Weg freiräumen, manchmal erscheint er zugewachsen wie das Dornröschenschloss. Innen hängen Spinnweben von der Decke bis zum Boden, noch ist es dunkel. Bis wir die Fensterflügel unserer Seele aufstoßen, nach innen, und helles Licht hereindringt. Da spüren wir es schon. Ja. Ja, das ist ein guter Ort. Das ist meine Heimat, mein Schloss. Vielleicht lachen wir. Wie konnte ich das vergessen haben! Und erstaunt merken wir, dass wir uns gar keine Vorwürfe machen. Warum auch? So ist es eben gewesen. Ja, so ist es gewesen, und jetzt ist es anders und jetzt bin ich wieder da. Und wer ist noch da?

Blinde Passagiere

Wir können nicht nur äußerlich in »schlechter Gesellschaft« sein, sondern auch in uns selbst. Keiner von uns ist stets derselbe. Jeder Mensch ist eine Ansammlung von verschiedenen Teilpersönlichkeiten. Das ist nicht krankhaft wie bei multiplen Persönlichkeiten, sondern normal. Wir sagen *ich*, doch gemeint ist damit die ganze kunterbunte Gesellschaft, ein Bündel aus verschiedenen Ichs. Gäbe es nur eines, würden wir immer gleich reagieren. Je nachdem, wie wir das Leben im Moment empfinden, ob als Last, Geschenk, Abenteuer, Kampf etc., legen wir ein anderes Verhalten an den Tag – auch abhängig von wechselnden Umgebungen, unserem Hormonstatus, diversen Befindlichkeiten, dem Wetter, unserem Zuckerspiegel und der Sternenkonstellation und so fort. Wir reagieren auf dieselbe Situation mal so und mal anders. Das zeigen wir sogar durch unterschiedliche Gesten und Körperhaltungen, mal machen wir uns kleiner, dann richten wir uns auf, wir sprechen unterschiedlich, verwenden andere Wörter, vertreten nach Lust und Laune andere Meinungen. Bei unseren Eltern verhalten wir uns anders als bei unseren Freunden oder bei Vorgesetzten und glauben jedes Mal, dass wir diese Teilpersönlichkeiten wären, weil wir uns vollständig mit ihnen identifizieren. Ist das nicht kurios? Vor allem auch, weil es uns so normal erscheint, dass wir in der Regel gar nicht darüber nachdenken.

Angenommen, Ihre Nachbarn laden Sie zu einer Grillparty ein. Ein Teil von Ihnen, für den Harmonie ein wichtiger Wert ist, sagt: »Gute Nachbarschaft muss man pflegen.« Ein anderer, für den Wettkampf ein wichtiger Wert ist, widerspricht: »Freitag ist mein Tennismatch. Wenn ich das sausen lasse, habe ich das ganze Wochenende schlechte Laune.« Wieder ein anderer, nennen wir ihn den Familienmenschen, möchte seine Freizeit ausschließlich mit engen Verwandten verbringen. Und so weiter und so weiter. Ohne dass wir es merken, findet in unserem Inneren eine Teamsitzung statt, es wird blitzschnell argumentiert, abgewogen, auch gerangelt – und dann setzt sich bei einem funktionierenden »gesunden« Selbst ein Teil durch und alle anderen machen mit. Denn sie sind sich über das Ziel einig: Das Optimum für uns zu erreichen, auch wenn das sehr unterschiedlich aussehen kann. Jede einzelne kleine Persönlichkeit vertritt ein anderes Wertesystem – wie im Übrigen auch Gesellschaften. Und jede Teilpersönlichkeit und Gesellschaft möchte, dass es ihren Bus- oder Landinsassen gut geht – basierend auf dem jeweiligen Wertesystem. Es gibt somit keine Teilpersönlichkeiten, die es schlecht meinen. Alle handeln in guter

Absicht – die Frage ist nur, ob das Wertesystem, in dessen guter Absicht sie denken, handeln, fühlen, wirklich für die Allgemeinheit förderlich ist. Da wir unser Wertsystem im Alter bis zu sieben Jahren ausprägen, denken wir in der Regel nicht darüber nach. Das ist ein Fehler, da unsere Werte unser Navigationssystem im Leben sind und die Teilpersönlichkeiten ihm folgen. Denn unsere höchsten Werte sind es, bei denen wir am meisten fühlen, die uns führen und motivieren. Die gute Nachricht ist, dass wir unsere Werte verändern können. Als NLP-Trainer und Führungskräftecoach ist dies mein tägliches Brot.

Angenommen, eine Teilpersönlichkeit ist ängstlich und plädiert dafür, nicht Fahrrad zu fahren, weil im Verkehr so viele Gefahren lauern. Aus ihrer Sicht heraus hat sie recht. In den eigenen vier Wänden wird man beim Rechtsabbiegen vermutlich nicht von einem Lastwagen überrollt. Aus Sicherheitsgründen – denn der höchste Wert dieser Teilpersönlichkeit ist Sicherheit – möchte diese Teilpersönlichkeit nun aber auch nicht mehr Auto fahren. Doch diese Meinung findet in der Teamsitzung keine Mehrheit. Dennoch ist sie da und will gehört werden. Würde man diese Stimme knebeln, fände sie andere Wege, sich Gehör zu verschaffen, könnte uns sabotieren, und das könnte unangenehm werden. Vielleicht würden wir über ein Gipsbein stolpern und wären dann für eine Weile ans Haus gefesselt. Halten wir also fest, dass unsere Teilpersönlichkeiten mit ihren jeweiligen Wertsystemen zu uns gehören. Wäre es nicht interessant, sie alle einmal kennenzulernen im Sinne des Bestseller-Titels von Richard David Precht *Wer bin ich und wenn ja, wie viele?* Im dritten Drittel unseres Lebens sollten wir ein besonderes Augenmerk auf diese illustre Gesellschaft richten, denn sie bestimmt uns noch viel stärker als die Menschen um uns herum, bei denen wir ja auch spüren können, wer uns guttut und wer nicht. Wer also gehört zu uns und wenn ja, wie viele davon begleiten uns als blinde Passagiere?

Entdeckt wurde die sogenannte Multiplizität der Psyche von dem italienischen Psychoanalytiker Roberto Assagioli, der gemeinsam mit Piero Ferrucci das therapeutische Modell der Psychosynthese entwickelte. Von den beiden stammt auch der berühmte Satz: Jeder von uns ist eine Menschenmenge.

Und diese Reisegesellschaft steigt jetzt in den Bus. Er ist groß, luxuriös, und außen prangt in Rot-Weiß: FC Bayern.

Das hier ist »mein« Buch (sagt mein größenwahnsinniger Teil), und deshalb steuert meine FC-Bayern-Persönlichkeit den Bus. Ja, es gibt einen FC-Bayern-Stephan, aber dafür kann ich nichts. Ich wurde in der Schulzeit darauf geprägt. Wir waren drei Freunde, 1966 war ich noch der schwächste. Unser Anführer beanspruchte für sich selbst 1860 München, den Deutschen Meister. Sein Stellvertreter bekam den zweiten Platz: Borussia Dortmund. Mir wurde der dritte zugewiesen: »Stephan, du bist ab sofort FC-Bayern-Fan.« Folgsam nahm ich die Wahl an, die sich bald als Golden Goal herausstellen sollte, denn so wurde aus der Nummer drei die Nummer eins, obwohl ich noch immer ein sensibler Junge war, der seine Fäuste nicht ballte, sondern neben seinem Vater am Flügel saß.

Steuerlast oder Steuerflucht?

Der Bus hält. Mit einem Zischen öffnen sich die Türen. Meine Reisegesellschaft, bestehend aus geschätzten achtzig Stephans steigt ein. Hoppla, wer entert denn da fahneschwenkend den Fahrersitz? Es ist mein Uli-Hoeneß-Stephan, eine Zockerpersönlichkeit, und er drückt auch gleich mächtig aufs Gas, sodass die anderen 79 Fahrgäste, die alle auch ans Steuer wollen, in die Sitze gepresst werden. Bis auf einen. Der stemmt sich hoch und stapft nach vorne. Es ist der verantwortungsbewusste Stephan. Er ist überhaupt nicht einverstanden mit der wilden Fahrweise von Zocker-Stephan. Doch Zocker-Stephan ruft: No risk, no fun! Eine Abstimmung im

Bus geht zugunsten des verantwortungsbewussten Stephan aus, er nimmt hinter dem Steuer Platz. Bis ihm die Vorfahrt genommen wird. Das hält der jähzornige Stephan nicht aus. Er springt auf und rennt schimpfend nach vorne.

Haben Sie schon einmal laut geflucht beim Autofahren? Würden Sie sagen, dass Sie das waren, also voll umfänglich? Oder ist es nicht eher so, dass etwas in Sie gefahren ist? Womöglich hätten die Exorzisten aus dem Mittelalter im heutigen Straßenverkehr sehr viel Arbeit …

Die Insassen eines solchen Busses sind nur zum Teil im Besitz eines Fahrscheins. Ja manche haben nicht mal einen Führerschein und setzen sich trotzdem ans Lenkrad. Groteske Szenen spielen sich da ab. Penisse steuern Busse – und stürzen ihre Mitinsassen ins Unglück, denn wenn das rauskommt, ist der Vorstandschef seinen Posten los und mit ihm verliert auch der Ehemann, Vater, Ehrenamt-Inhaber, Lieblingsonkel der Neffen etc. sein Ansehen und seine Existenz. Und reißt seine Familie mit sich. Mitgehangen, mitgefangen. So ist das. Wir leben in einem Netz, einem System. Unsere Teilpersönlichkeiten prägen uns genauso wie unsere Umgebung. Die Menschen um uns herum beeinflussen unser Leben – positiv und negativ – und sie alle sind auch viele – jeder von ihnen fährt in seinem eigenen Bus voller Teilpersönlichkeiten. Nicht selten kollidieren zwei Busse, weil zwei Teilpersönlichkeiten, die sich gegenseitig die Vorfahrt nehmen, am Steuer sitzen. Wenn wir uns darüber bewusst wären, könnten wir vieles deutlich entspannter sehen und würden uns auch nicht manchmal wie auf Knopfdruck in Raserei bringen lassen. Sollten Sie diesen letzten Absatz gut finden, fragen Sie sich doch zum Spaß einmal, wer jetzt gerade liest. Und wenn sich Ihr Widerspruchsgeist regt, erst recht!

Manche Teilpersönlichkeiten können ganz schön nerven. Doch alle gehören zu uns, deshalb können wir niemanden aus dem Bus werfen oder an einer Raststätte vergessen. Wir können sie aber aus dem Schatten ihrer Existenz als blinde Passagiere erlösen, sie sichtbar machen und ihnen ein Ticket schenken. Dann sehen wir in Zukunft auf einen Blick, wer mit uns unterwegs ist. Oft kommen Menschen aus dem Staunen nicht mehr heraus, wenn sie ihre Reisegesellschaft unter die Lupe nehmen. Ja, manche Ereignisse aus der Vergangenheit erscheinen plötzlich in einem ganz anderen Licht. Die Erkenntnis, dass nicht nur man selbst, sondern jeder Mitmensch eine Busladung ist, verändert die Kommunikation mit anderen grundlegend. Da regt man sich nicht mehr auf, wenn der Partner plötzlich »so komisch« ist. Man lässt ihn einfach in Ruhe, bis diese Teilpersönlichkeit den Fahrersitz räumt. Denn man weiß, dass man sonst Gefahr läuft, mit einer eigenen Teilpersönlichkeit einen Streit vom Zaun zu brechen und am Ende fahren der Beleidigte und die Rechthaberin ein Rennen. Busse sind keine Boliden. Anstatt eine Teilpersönlichkeit vorübergehend aus dem Verkehr zu ziehen, werden Ehen geschieden, Freundschaften gekündigt und vieles mehr. Schlimmstenfalls endet es mit Totalschaden.

Gerade im dritten Drittel ist es enorm wichtig, über die eigenen Teilpersönlichkeiten Bescheid zu wissen, denn im Alter wird unsere Abwehr schwächer. Es gelingt Teilpersönlichkeiten schneller und leichter, den Fahrersitz zu entern. Jüngere Menschen wehren sie oft wie lästige Fliegen ab. Im Alter fehlt manchmal die Energie – und auch die Entschlossenheit, wenn nichts Dringendes anderes anliegt, so wie in jüngeren Jahren, wo wir noch viel stärker mit unserem Alltag beschäftigt sind und vielerlei Anforderungen und Pflichten zu erfüllen haben. Da weist man eine Teilpersönlichkeit entschieden auf den Sperrsitz.

Doch wenn man weniger zu tun hat, lädt man sie manchmal geradezu ein, und das kann verhängnisvolle Folgen haben. Im schlimmsten Fall verwachsen manche Teilpersönlichkeiten regelrecht mit dem Fahrersitz. Und dann ist es sehr schwierig, sie zu einer Pause zu überreden.

Auch deshalb ist es so wichtig, im Alter aktiv zu bleiben, körperlich, geistig und vor allem spirituell, indem wir einen Weisheitsgeist als Teilpersönlichkeit installieren. Wie das funktioniert, erfahren Sie später. An dieser Stelle nur so viel, dass dieser »gute Geist« die lästigen Teilpersönlichkeiten ausgleichen kann. Sie haben dann eine Alternative mehr und bannen die Gefahr, sich mit Teilpersönlichkeiten zu überidentifizieren.

Während unsere Überzeugungen und Einstellungen, die uns innerlich lenken, sich im Alter durch unsere Lebenserfahrung ändern können, neigen manche Teilpersönlichkeiten zur Sturheit; oft verhärten sie sich im Alter sogar, denn sie übernehmen starke Emotionen und speichern sie im Unterbewusstsein ab. Überzeugungen und Einstellungen hingegen beziehen sich auf die äußere Wirklichkeit und ändern sich mit dem Zeitgeist. Vieles, was vor dreißig, vierzig Jahren Konsens war, wäre heute geächtet, zum Beispiel Kindern oder Hunden Gewalt anzutun. Seit 2000 verbietet das Gesetz Eltern, ihre Kinder zu schlagen, und auch das Tierschutzgesetz wurde reformiert. An solchen Veränderungen merkt man, dass man doch schon einige Jährchen auf dem Buckel hat und als Zeitzeuge interviewt werden könnte: Erzählen Sie doch mal, wie das früher so war, das muss ja schrecklich gewesen sein. Was, Ihr Lehrer hat Sie geohrfeigt und ist nicht angezeigt worden? Das ist ja tiefstes Mittelalter!

Nein, 1970.

Ja, das gesellschaftliche Miteinander hat sich stark verändert. Heute zeigt man, wie toll man ist, in dem man schnell redet, auch wenn man keine Ahnung hat, worüber, Hauptsache fix etwas herausschleudern. In meiner Jugend war einer, der schnell redete, im Wortsinn toll, nämlich ein bisschen gaga. Es war gesellschaftlicher Konsens, dass jemand, der etwas Kluges sagt, Zeit zum Denken braucht.

So wie sich der gesellschaftliche Ton verändert hat, so verändert sich auch unser innerer Takt. Als junge Menschen glauben wir, wir müssten perfekt sein. Mit zunehmendem Alter erkennen wir, dass wir das niemals schaffen, und werden altersmilde. Was bitte nicht zu verwechseln ist mit altersmüde. Denn jetzt, im letzten Drittel, da geht es erst so richtig los! Jetzt können wir die Weichen neu stellen und uns jenen Möglichkeiten widmen, die wir bislang übersehen haben, vielleicht, weil wir unsere Energie vor allem darauf verwendeten, äußerlich Jugend zu konservieren. Gewiss, ein junger Körper bietet Vorteile, doch würde ich dafür auf die Reife des Geistes verzichten? Niemals! Denn im Geist, da fängt das Leben doch erst an, spannend zu werden! Dafür nehme ich gern in Kauf, dass sich ein paar Äußerlichkeiten … die Haare, die Haut … man kennt das, aber weil man gnädigerweise weitsichtig wird, sieht man vieles nicht so genau. Weitsichtig gibt's umsonst, für die Weisheit müssen wir etwas tun, auch um griesgrämigen Teilpersönlichkeiten nicht das Steuer zu überlassen. Im Alter können die ganz schön giftig werden. Charaktereigenschaften, die bislang nur manchmal aufblitzten, können sich unangenehm verstärken. Aus einer prinzipiellen Vorsicht kann Ängstlichkeit werden, die die Welt meidet und sich nur noch in den eigenen vier Wänden sicher fühlt. Eine prinzipielle Inflexibilität kann in völlige Erstarrung münden, die strikt auf die Einhaltung der stets gleichen Abläufe pocht. Aus typischen altersgemäßen Einschränkungen kann eine radikale Ablehnung alles Neuen resultieren – bevor man sich mühevoll in etwas einarbeitet, lehnt man es kategorisch ab. Und natürlich war früher alles besser. Diese Liste ließe sich lange fortsetzen – gemeinsam ist allen Punkten, dass sie uns die Teilhabe am Leben erschweren und wenig Licht hereinlassen. Die Folge sind Einsamkeit und Depression, Sie erinnern sich – der Beginn vieler Krankheiten. Zum Glück gibt es ja noch andere Teilpersönlichkeiten, die die Fensterläden aufstoßen und Licht hereinlassen. So findet sich bei vielen Frauen im dritten Drittel ein erstaunliches Phänomen: Jahrelang warfen sie ihrem Spiegelbild kritische Blicke zu – und auf einmal, ab einem gewissen Alter, zucken sie die Achseln und sagen: Ich bin okay. Ja, wir alle sind okay! Und wer etwas anderes von gewissen Teilpersönlichkeiten geflüstert bekommt, sollte nicht in die Falle gehen, diese Teilpersönlichkeiten mit dem Ganzen zu verwechseln. Sie sind lediglich ein Aspekt. Und den machen wir nun einmal dingfest:

Kontrolleure

Man kennt das. *Ihren Fahrschein bitte.* In unserem Bus tragen die »Kontrolleure« keine Uniform, und sie verteilen auch keine Strafzettel. Sie sind neutrale Begleiter. Alles, was sie tun, ist zu beobachten, ohne zu bewerten. Niemals käme es dem Beobachter in den Sinn, sich einzumischen: »Um Gottes willen, der Uli-Hoeneß-Stephan muss weg vom Gas, der kennt sich doch nur mit Fußballrasen aus.« Und er macht auch keine Vorschläge: »Der Michael-Schumacher-Stephan fährt!« Der Beobachter schaut einfach nur und gibt seine Wahrnehmung weiter an … den Chef, die Chefin? Das Selbst? Es ist auf jeden Fall eine höhere Instanz, die es gut mit uns meint. Katholiken würden sie vielleicht Schutzengel nennen. Manchmal spüren wir sie als Bauchgefühl, Intuition, innere Stimme. Und so räumt Uli seinen Platz, und der Bus erreicht sicher sein Ziel – wenn nicht noch das rebellische Kind dazwischenfunkt … aber das wäre eine andere Geschichte, die wir auch alle kennen, aus Situationen, in denen wir trotz besseren Wissens und obwohl wir im Vorfeld dachten, das geht bestimmt schief, es nicht lassen konnten und dann die Quittung bekamen. Im Nachhinein fragen wir uns, wie wir so blöd sein konnten. Ganz einfach: Weil wir diese Erfahrung machen mussten. Zur Erinnerung: Wir sind Schüler auf dieser Erde, um unterschiedliche Erfahrungen zu sammeln und idealerweise an ihnen zu reifen. Der Beobachter bleibt neutral, was eine hohe Kunst ist. Teilpersönlichkeiten bewerten alles und immer. Es gibt nichts, wozu sie keine Meinung haben.

Durch den Beobachter werden uns Zusammenhänge bewusst: Wir können uns fragen, wer jetzt gerade am Steuer unseres Busses sitzt und ob wir mehrheitlich damit einverstanden sind.

Über welche Ressourcen verfügen unsere Teilpersönlichkeiten? Ist ein Arzt an Bord? Ist jemand mit Geduld dabei? Kann der mal bitte nach vorne kommen und das Steuer übernehmen? Bereits die Erkenntnis, dass eine Teilpersönlichkeit am Steuer sitzt, verändert viele Situationen, in denen wir drohen festzufahren. Das werden Sie selbst sehr schnell merken, wenn Sie es ausprobieren. Später im Buch werden wir eine Weisheitspersönlichkeit installieren: einen guten Geist, dem Sie getrost das Steuer überlassen können, falls Sie heil ans Ziel kommen möchten. Dieser neue Passagier bannt die Gefahr, dass wir in einem Bus voller trauriger Jammergestalten unterwegs sind, die sich allesamt als Opfer des Lebens sehen und sich gegenseitig ihr Elend vorheulen. *Nie bin ich gut behandelt worden, meine Partner haben mich alle betrogen. Ich habe alles für meine Kinder getan, und sie rufen mich nicht mal an.*

Ist das nicht zum Heulen?

Nein, dieses Schreckgespenst von Alter darf gerne draußen bleiben in unserem dritten Drittel. Ein Sprichwort besagt: Man altert, wie man gelebt hat. Doch auch andere Faktoren beeinflussen das Alter. Allen voran unsere eigene Einstellung zum Alter – ist sie konstruktiv oder resigniert? Auch unser Bildungs-, Qualifizierungs- und Informationsstand und in welcher Umgebung wir leben, ob unsere Arbeits- und Lebensbedingungen insgesamt günstig sind, und natürlich die Gesundheit und wie wir mit Genussmitteln und Medikamenten umgehen – kurz: leben wir selbstzerstörerisch oder

Selbst-entwickelnd. Das bedeutet nicht, dass die Teilpersönlichkeiten alle mit blendend weißen Westen aus den Busfenstern winken. Das wäre ja schrecklich langweilig – und ist auch nicht zu verwirklichen. Es gibt Polaritäten wie Tag und Nacht, Sommer und Winter. Außerdem hätte man dazu vorher dreckige Wäsche waschen müssen, und das widerspricht der buddhistischen Philosophie. Es geht darum zu sehen, was ist – und sich zu entscheiden. Mit jeder einzelnen Entscheidung für »das Gute« leben wir leichter, freier und froher. Wen wollen wir in Zukunft in unseren Bus einsteigen lassen? Es kann zwar keiner raus, aber durchaus mal einer rein:

Der Bus verlangsamt seine Fahrt – dort vorne an der Haltestelle stehen zwei Frauen, sie unterhalten sich.

»Immer wenn ich warte, kommt der Bus zu spät. Da kann ich die Uhr danach stellen«, sagt die erste. »Aber so war das schon immer bei mir. Alle haben mir ständig alles vor der Nase weggeschnappt.«

»Mir macht das nichts aus, wenn der Bus etwas später kommt«, erwidert die zweite. »Ich bin froh, dass überhaupt einer kommt. Und während des Wartens kann man sich ein bisschen umsehen, oder? Ist doch eine recht schöne Landschaft.«

»Also unter schöner Landschaft stelle ich mir etwas anderes vor. Die Neubausiedlung da hinten. Das ist doch nicht schön. Da wohnen lauter Geldige aus der Stadt. Die verschandeln hier alles«, klagt die erste.

»Immerhin haben wir ihnen die Bushaltestelle zu verdanken«, stellt die zweite richtig. »Früher gab es keine.«

»Da sieht man mal, Geld regiert die Welt.«

»Und den Busfahrplan«, schmunzelt die zweite.

»Eben nicht«, entgegnet die erste in abschätzigem Tonfall. »Er kommt ja immer zu spät.«

Als der Bus pünktlich die Türen öffnet – welche Reisegesellschafterin würden Sie lieber begrüßen? Wenn Sie dafür Sorge tragen, dass Ihre Mitfahrer gut gestimmt sind und hin und wieder der gute Geist das Gefährt steuert, werden Sie dadurch auch positiv gestimmte Fahrgäste anziehen, das ist das Resonanzgesetz oder auf gut Deutsch: Wie man in den Wald hineinruft, so schallt es heraus – wir ernten, was wir säen.

Vorbilder

Neulich saß ich mit meiner Partnerin Connie, mit der ich seit über dreißig Jahren zusammenarbeite und die auch an diesem Buch mitwirkt, in einem Café, da strahlte sie plötzlich und schaute wie gebannt über meine Schulter. War da was? Irritiert folgte ich ihrem Blick. Oh ja, da war etwas, aber nicht auf meiner Schulter: Eine circa achtzigjährige Frau, der es anzusehen war, dass sie kein Problem mit dem Alter hatte, deren Lebensfreude regelrecht leuchtete – wie ihre bunte Kleidung.

»So möchte ich in zwanzig Jahren auch mal sein!«, entfuhr es Connie.

Beim Bezahlen erzählte uns der italienische Kellner, dass die Frau jeden Nachmittag ein Stück Kuchen genieße. Er nannte sie: *una persona di solare,* und sie brauchte gewiss keine Sahne obenauf wie die Damen aus Udo Jürgens Hit, war sie doch selbst das Sahnehäubchen. Solche Menschen können uns inspirieren und beflügeln, es ihnen gleichzutun. Leider ist der erste Impuls oft, sie abzuwerten. Denn beinhaltet ihr Strahlen nicht einen versteckten Vorwurf: Warum bist du nicht auch so? Ist es nicht seltsam, dass wir im Alter irgendwann aufhören, Vorbilder zu suchen? Dabei wären sie gerade jetzt so wichtig, denn sie motivieren uns, am eigenen Haus anzubauen. Ich will nicht in zwanzig Jahren noch mit demselben Ausblick auf derselben Veranda sitzen. Da soll sich schon noch was verändern! Vielleicht ein Wintergarten, da hat man auch bei Kälte Weitblick und verkriecht sich nicht im Haus. Vergessen Sie bitte nie: Anbauen ist jederzeit möglich! Wir können uns bis zu unserem letzten Atemzug weiterentwickeln. Die irrige Vorstellung, dass wir uns nur in der Kindheit und Jugend entwickeln, ist längst widerlegt, wenngleich in unseren ersten Jahren das Fundament gegossen wird. Sigmund Freud, der »Vater« der Psychoanalyse, hatte seinerzeit postuliert, dass die Persönlichkeit eines Menschen unveränderbar sei. Sind nicht alle Wesenszüge in der Kindheit betoniert? Seine Erkenntnisse waren geprägt vom herrschenden Zeitgeist, und der war frauenfeindlich und insgesamt auch nicht besonders menschenfreundlich. Die aktuelle Altersforschung hat belegt, dass wir uns bis ins hohe Alter verändern können, egal, wie unsere Flügel in der Kindheit beschnitten wurden. Sie können nachwachsen, »nachreifen« nennt dies die Wissenschaft. Persönlichkeitsveränderungen sind allerdings nicht ohne Anstrengung zu erreichen. Sie benötigen Zeit, und am besten gedeihen sie mit dem Dünger Liebe. Doch auch Leid kann das Leben positiv beeinflussen, wenn es gelingt, Krisen als Chancen zu nutzen. Und nicht selten wachsen in der Krise Flügel, und eines Tages wird man selbst zum Vorbild für andere – oft ohne es zu wissen.

Wir alle lernen durch Imitieren. Als Kinder tun wir es unbewusst, als Erwachsene können wir uns bewusst Vorbilder suchen. Unsere ersten Vorbilder sind unsere Eltern, später prägen uns andere Menschen. Vieles, was wir gut können, haben wir uns irgendwo abgeschaut. So bilden wir nicht nur destruktive Teilpersönlichkeiten – Schattenpersönlichkeiten –, sondern auch konstruktive, die ebenfalls im Bus sitzen. Von meinem Vater, dem Dirigenten, habe ich die schöne Teilpersönlichkeit übernommen, dass ich andere begeistern und mitreißen kann – das kommt mir als Trainer sehr entgegen, ja vielleicht saß diese Teilpersönlichkeit sogar recht oft am Steuer, als es um die Wahl meines Berufes ging. In meiner

Trainerausbildung hatte ich einen großartigen Lehrer, den ich so lange imitierte, bis ich meinen eigenen Weg gefunden hatte. Ich merkte gar nicht, dass ich ihn spiegelte, doch wenn jemand zuerst einen Kurs bei ihm und dann bei mir gebucht hätte, hätte er festgestellt, dass Stephan eine Kopie von Manfred war. Wäre er zuerst bei mir gewesen, hätte er diesen Eindruck vertauscht. Ich erinnere mich an ein Coaching bei einer kleinen Firma, in der alle sechs Angestellten Kopien ihres Chefs waren. Sie redeten wie er, lachten wie er, hörten wie er mit schräg geneigtem Kopf zu, alle wie der Senior. Schon beim ersten Blick in die Runde wusste ich, dass das Betriebsklima hier nicht krankte – wir ahmen lediglich solche Menschen nach, die wir mögen. Und wir brauchen uns nicht zu schämen, wenn wir in der Übergangsphase kopieren, es ist sogar anzuraten: Schlüpfen Sie in die Gesten, in den Tonfall, in die Kleidung der Menschen, von denen Sie sich eine Scheibe abschneiden möchten, wie man sagt. Im NLP nennt man diesen Prozess Modellieren. Man übernimmt die Werte, die Glaubenssätze, die Denkstrategien von Menschen, die einen begeistern. So lernen wir am nachhaltigsten – nicht am Bildschirm. Onlineunterricht kann eine gute Erinnerung sein, eine Auffrischung. Doch um etwas wirklich zu durchdringen, brauchen die meisten Menschen persönlichen Kontakt und Motivation – und die wird entzündet, wenn der Funke überspringt von Mensch zu Mensch, nicht von Maschine zu Mensch.

Werden Sie nie müde, sich neue Vorbilder zu suchen! Im dritten Drittel haben Sie auch mehr Zeit dazu als im zweiten, als Sie mit den Menschen beschäftigt waren, die wichtig für die Aufrechterhaltung eines reibungslosen Alltags waren. Seltsamerweise wird diese Fähigkeit im Alter oft vergessen. Liegt es daran, dass man so lange keine Zeit für neue Freunde und Bekanntschaften hatte, weil man eingespannt war im Alltag? Oder liegt es daran, dass wir glauben, Vorbilder wären prinzipiell nur etwas für junge Menschen, im

Alter hätte man das nicht mehr nötig? Dies ist ein verhängnisvoller Irrtum. Gerade weil es für die Ernte im Alter so wenige Vorbilder gibt, brauchen wir sie. Die Zeiten, in denen ältere Menschen in unseren Breiten geschätzt wurden, sind vorbei. Heute verschwenden viele einen Großteil ihrer Zeit damit, das Alter ungeschehen machen zu wollen. Was sie dabei alles versäumen! Idealerweise werden wir selbst zu einem Role Model für andere, insofern als wir Alter und Aussehen weniger Aufmerksamkeit widmen als der inneren Reife und Entwicklung, was nicht unbemerkt bleiben wird … wenn fremde Menschen ihren Gesprächspartnern über die Schultern schauen, weil sie in Ihnen eine kleine Sonne entdeckt haben. Mit Sahne!

Jetzt können Sie noch mal losziehen wie ein neugieriges Kind, das die Welt erforscht. So fahren oder schunkeln oder brettern Sie in Ihrem Bus überland, je nachdem, wer das Steuer in der Hand hält.

Die beliebtesten Schwarzfahrer

Blinde Passagiere sind natürlich gleichzeitig Schwarzfahrer, und als solche gehören sie häufig zu den Schattenpersönlichkeiten. Die im Licht kennen wir ja schon – und mögen sie auch. Klar sind wir gern mitfühlend und großzügig und neugierig und fröhlich. Doch es gibt eben auch neidische, eifersüchtige, engstirnige, schlecht gelaunte Teilpersönlichkeiten, die wir am liebsten ausblenden würden. Doch nun haben wir sie ertappt. Einige dieser Schwarzfahrer machen es sich im dritten Drittel gern so richtig bequem und hindern uns an der freien Fahrt für freie Buddhisten.

So leben sie beispielsweise streng nach Gesetzen, die sie selbst verfasst haben. Sonntags um drei immer Kuchen mit Tee, samstags auch um drei, aber mit Kaffee. Zwanzig Uhr Tagesschau. Alle Stunde einmal fünf Minuten lüften, bitte kein Besuch, der macht nur Dreck. Mittwoch ins Schwimmbad, und wehe, der bevorzugte Spind ist besetzt. Da kann der ganze Tag in Schräglage geraten und schlimmstenfalls kentern. Ältere Menschen laufen Gefahr, immer starrere Ritualisierungen zu etablieren – in die andere Menschen natürlich nicht hineinpassen, weil sie keine Notwendigkeit sehen, die meist unausgesprochenen Gesetze einzuhalten – und das mündet letztlich in Einsamkeit mit den bekannten Folgen. Hinzu kommt, dass die Aufrechterhaltung mancher geradezu grotesk anmutenden Rituale viel Energie kostet – da bleibt wenig Zeit für etwas Neues, was ja ohnehin von vornherein abgelehnt wird. So wird die Realität verdrängt, verleugnet und eine Welt aufgebaut, die wenig mit der von anderen Menschen gemeinsam hat, und in dieser Welt dreht der Bus täglich die gleichen Schleifen. Obwohl knapp hundert Fahrgäste an Bord sind, wird er von den gleichen drei bis vier Teilpersönlichkeiten gesteuert. Die anderen haben aufgegeben und dämmern resigniert vor sich hin, vielleicht mit einem Bierchen oder Tablettchen intus, das sie im Stundentakt schlucken. Nicht selten gibt es nur noch ein Thema: den eigenen Körper, beziehungsweise seine Befindlichkeitsstörungen. Denn von außen soll ja nichts mehr rein, also wendet sich der Blick nach innen. Das wäre an und für sich eine gute Richtung. Doch leider bleibt der Blick an den Innereien hängen und dringt nicht tiefer. Innereien im weitesten Sinne, auch Knochen, Kreislauf, Krampfadern, werden zu einer Art Krisenzone, wie wir das aus der Pubertät kennen. Der Bus fährt sozusagen rückwärts – und Schwupps sind wir im Kinderkarussell.

Ticket in die Freiheit

Es lohnt sich, den eigenen Sitzplatz einmal zu überprüfen und die aufgedruckte Nummer auf dem Ticket mit dem Ziel zu vergleichen, an dem wir ankommen möchten. Letztlich geht es um das so leicht klingende und doch so schwierige Loslassen – von Altlasten, Gepäck, hemmenden Gefährten. Und am Ende um das allerletzte Loslassen … den Tod.

Mit zunehmendem Alter nehmen die physischen und psychischen Kräfte ab. Das ist ein ganz natürlicher Prozess. Gleichzeitig werden im Alter jene Gefühle, die man mit den Jahren gepflegt und gehegt hat, stärker. Sie drücken sich auch in unserer körperlichen Erscheinung aus, in Haltung, Stimme, Gesten, unserem gesamten Auftreten. So kommt es, dass manche ältere Menschen ein wenig verbittert wirken – andere wiederum zu erblühen scheinen. Das Alter ist Erntezeit, doch auch jetzt noch können wir anpflanzen, nämlich alles, was wir für einen guten Abschied im Herbst für einen Neubeginn im Frühling brauchen.

Lassen Sie uns nun einen Blick auf Ihr Ticket in die Freiheit werfen. Sitzen Sie auf dem richtigen Platz?

Wenn nicht: bitte aufstehen, sich bewegen, einen anderen Platz suchen! Und nie vergessen, den Fahrersitz im Auge zu behalten und notfalls das Steuer übernehmen, damit die folgenden Schwarzfahrer transformiert werden können. Ich bin sicher, dass die Mehrheit für eine freie, leichte, helle, glückliche Fahrt in eine leuchtende Zukunft stimmt und die Bremser liebevoll bitten wird, den Fahrersitz nicht mehr so dominant zu beanspruchen wie bisher. Was ja nicht heißt, dass man nicht hin und wieder zornig sein oder es besser wissen darf … behauptet mein Besserwisser.

Der Besserwisser

Meint es nur gut, stört aber ganz erheblich auf der Reise ins dritte Drittel, weil er sich Neuem gegenüber verschließt, obwohl er es in der Regel gar nicht kennt und auch nie kennenlernen möchte, weil er stets weiß, was besser ist. Das ist keine ideale Ausgangslage, um die Zukunft zu erkunden.

Gegenmittel: Erfahrungen sammeln, um es dann wirklich besser zu wissen. Oder, um mit C.G. Jung zu sprechen: »Thinking is difficult, that is why most people prefer to judge« – Denken ist ein schwieriger Prozess, deshalb bevorzugen die meisten zu verurteilen. So liegt die Herausforderung für den Besserwisser darin zu erkennen, dass alles aus unterschiedlichen Perspektiven betrachtet werden kann. Schlussendlich geht es um die Frage: Will ich recht haben oder will ich glücklich sein?

Der Zornige

Meint es auch gut wie alle Teilpersönlichkeiten, zerschlägt unterwegs aber viel Porzellan. Der Zornige ist der gefährlichste Businsasse, denn er behindert eine gesunde Selbstreflexion, weil er unter Projektionen leidet. Wehe, etwas läuft nicht so, wie er sich das vorstellt! Seine »Vergeltungsmaßnahmen« reichen von verbalen Attacken bis zum Cyberkrieg. Diese explosive Teilpersönlichkeit kann schlimmstenfalls von Sanitätern aus dem Bus getragen werden (Psychiatrie) oder von der Polizei (Gefängnis). Oder er implodiert an seinem Zorn. Seine Wut kann so vernichtend sein, dass sie sogar den Beobachter erfasst, der seine Neutralität verliert und sich eingeschüchtert irgendwo versteckt.

Gegenmittel: Fünfzigmal tief Atmen, bis die Hitze aus dem Körper, vor allem der Leber, entweicht, das Gewirr im Gehirn sich geordnet hat und man wieder fähig ist, normal zu sprechen, statt um sich zu schießen.

Der Sorgenvolle

Schreckliche Dinge lauern in der Zukunft. Der Sorgenvolle sieht sie alle und leidet doppelt, weil die anderen scheinbar mit Blindheit geschlagen sind. Er meint es doch nur gut, wenn er darauf verweist und niemals aufhört, das Kommende in düstersten Farben auszumalen, damit man sich darauf vorbereiten kann. Er hat zwar keine Lösungen, aber auch keinen Mangel, denn morgen wird es sicher neue Sorgen für übermorgen geben. Seine Sorgen sind ein nie endender Quell, und es gibt kein Thema, über das er sich keine machen würde, weshalb er in der Bus-Community als Spielverderber gilt. Manchmal gelingt es ihm, seine Sorgen so plastisch zu schildern, dass er tage-, wochenlang am Steuer bleibt, manchmal sogar lebenslänglich. Richtig dramatisch wird es, wenn die Sorgen jeder Grundlage entbehren, was im Alter leider öfter vorkommt, sobald die negativen Erwartungen in Zwangsgedanken münden oder Banalitäten den Geist besetzen wie: Kriege ich einen Parkplatz vor dem Supermarkt, kommt der Postbote heute, gibt es nächsten Monat Glatteis, was mache ich, wenn …

Gegenmittel: Sich immer wieder in Erinnerung rufen, dass alles Leiden dazu da ist, um zu lernen. Manchmal braucht es sogar kollektives Leiden, um aus der Trance der Selbstgefälligkeit auszusteigen. Tiefes Atmen hilft aus dem Tal eines niedrigen Serotonin-Wertes genauso wie eine sinnerfüllende Tätigkeit.

Das Opfer

Diese Teilpersönlichkeit braucht viel Zuwendung von außen, und sie verschafft sie sich mit einigen Opfern, darunter Abwertung, Hilflosigkeit und Selbstmitleid. Im Alter meint sie es manchmal besonders schlecht mit sich und meidet jede Verantwortung und Selbstreflexion, und kann sowieso nichts dafür, weil die anderen ja schuld sind, immer und an allem.

Gegenmittel: Lernen zu reflektieren und die eigenen Verhaltensweisen erkennen, die immer wieder zu Opferattacken führen – die übrigens in guter, sprich schlechter Gesellschaft von der Teilpersönlichkeit Retter und der Teilpersönlichkeit Angreifer auftreten. Diese drei Kumpane bilden das sogenannte Drama-Dreieck. Ich kenne es wie meine Westentasche, weil ich mit Cornelia Schwarz ein Buch dazu geschrieben habe. Deshalb an dieser Stelle als Gegenmittel der Tipp, sich mit dem Drama-Dreieck zu beschäftigen und die Tür in die Freiheit zu suchen.

Der Gierige

Gier ist eine starke Emotion. Das Objekt der Begierde wird durch die Augen mit starken Gefühlen im Körper verbunden und erzeugt so einen ungeheuren Sog. Gierig kann man auf alles sein: Armani-Unterhosen, Autos, Objekte jeder Art, Frauen, Männer, die Erlebnisse anderer etc. Dieser Mechanismus ist durch das permanente mediale Niederknüppeln des Geistes (Haben statt Sein) extrem getriggert. In westlichen, objektorientierten Gesellschaften ist so gut wie kein Bus ohne einen solchen Mitfahrer unterwegs. Manchmal tarnt er sich, doch irgendwann schnellt er hervor und entert den Fahrersitz.

Gegenmittel: Konzentration auf das, was ist, anstatt auf das, was fehlt. Dankbarsein für das, was ist. Der Dalai Lama sagt sinngemäß: Gier ist immer zerstörend. Das Einzige, auf das man gierig sein sollte, ist Weisheit.

Der Zwanghafte

Um jeden Preis möchte der Zwanghafte die Disziplin aufrecht und die Angst damit in Schach halten, das ist seine gute Absicht. Doch die Angst entkommt ihm immer wieder … und am schlimmsten ist die Angst vor dem Tod, die in der Covid-Zeit mancherorts zu hysterischen Reaktionen führte. Denn das Virus lässt sich nicht ordentlich ablegen. Zwanghafte Menschen versuchen, ihre Ängste durch Ordnungs- und Kontrollmechanismen in den Griff zu bekommen.

Gegenmittel: Sich vergegenwärtigen, dass der Wunsch nach Sicherheit und geordneten Objekten zu 50 Prozent sinnvoll ist und gleichzeitig eine Plage des Geistes sein kann. Die Energie der Disziplin umleiten auf andere Strecken – so wird dieser Omnibusmitfahrer zu einem wahren Freund der inneren Entwicklung. Zudem empfehle ich dieser Teilpersönlichkeit einen Ausflug nach Kathmandu, Hauptstadt von Nepal, um zu staunen, dass Menschen auch in einem totalen Chaos ganz wunderbar nicht nur überleben, sondern leben können! Es sind einige zurückgekommen, an denen Wunder geschehen sind!

Der Enttäuschte

Noch mal enttäuscht werden? Nein, bestimmt nicht, den Fehler macht er nicht noch mal, und so liegt die gute Absicht des Enttäuschten darin, sich vor dem Leben zu verschließen, nichts und niemandem zu vertrauen, dann wird man nämlich auch nicht enttäuscht – super Plan, oder? Gleichzeitig sucht und findet der Enttäuschte immer wieder Situationen, die in Enttäuschungen münden á la selffullfilling prophecy.

Gegenmittel: Jede Enttäuschung ist eine Ent-täuschung von der Täuschung, die der eigene Geist selbst produziert hat. Häufig als Projektion, wenn wir enttäuscht sind, weil unsere Projektion nicht mit einer Person übereinstimmt. Also gilt es zu lernen, Ent-täuschungen als das zu sehen, was sie sind: Kindliche Erwartungen in der erwachsenen Persönlichkeit, die sich nicht erfüllen. So erfährt man etwas über seine eigenen Wünsche und lernt die Dinge und die Menschen so zu sehen, wie sie tatsächlich sind. Finden Sie heraus, wer da wirklich vor Ihnen steht und wie die Person wirklich ist. Vielleicht ist sie ja ganz nett? Könnte doch sein! Was für eine Enttäuschung …

Der Verdränger

Der Verdränger ist der Coolste; negative und unangenehme Gefühle werden nicht wahrgenommen, im Bewusstsein getilgt und irgendwo im Unterbewusstsein verbuddelt. Jetzt ist es auch schon zu spät, jetzt kann man nichts mehr machen – also beschäftigt man sich nicht mit gewissen Sachen, so die positive Absicht des Verdrängers, die jede Motivation zur Veränderung begräbt. Doch die Kiste, in die er seinen gesammelten Schmerz gepackt hat, platzt bald. Also noch mal ein paar Nägel reingeschlagen, auf dass der Deckel draufbleibt.

Was tatsächlich passiert: Je mehr im Unbewussten vergraben wird, desto stärker wird der Konflikt zwischen der sichtbaren und der verdrängten Persönlichkeit. Dieser Konflikt wird oft kompensiert mit Schlaftabletten, Alkohol und anderen Mitteln, die das Bewusstsein betäuben, damit der Schmerz nicht spürbar wird.

Gegenmittel: Mit einem guten Freund, Coach oder Berater die Schätze des Verdrängten bergen, sortieren, ordnen und sich den inneren Wunden stellen.

Sie richtig zu bewerten und das Leben so auszurichten, dass das Verdrängte einen Raum bekommt, sich mitzuteilen, ohne zu explodieren, in welche Richtung auch immer. Der allerwichtigste Lernschritt ist, zu fühlen.

Der Größenwahnsinnige

Ihm gehören die Straße und die Welt. Er weiß, wo es langgehen soll, nicht nur für sich selbst, sondern für alle, das ist seine positive Absicht. Er baut große, größere und übergroße Träume auf, und die Kraftvollen unter dieser Spezies setzen sie sogar um. Manche von ihnen haben damit Erfolg, andere nicht. Die Falle von »Think big« liegt in der Überforderung und zu viel Energie, die in die Materie fließt. Was bleibt, ist oft der Versuch, die Leere im Inneren zu stopfen, mit den Selfies mit berühmten Persönlichkeiten, den Porsches und Villen, maßgeschneiderten Anzügen und Roben, teuren Schuhen und exklusiven Accessoires.

Gegenmittel: Finden Sie den kleinen Jungen und das kleine Mädchen in sich. Sie lechzen nach innerer Zuwendung, nicht nach Äußerlichkeiten. Was hat dem inneren Kind in der Vergangenheit gefehlt? Es ist innere Stärke, Sicherheit, Selbstbewusstsein, »gesehen« und geliebt werden – und vor allem Anerkennung. In der Sehnsucht nach Anerkennung – auch in einem Alter jenseits der Siebzig – verbirgt sich der Grund der Grandiosität.

Der Verbitterte

Der Verbitterte ist der beste Freund des Enttäuschten. Erst mal ist man enttäuscht und dann verbittert.

Es ist nicht gut gelaufen für den Verbitterten, er hat die falschen Entscheidungen und Leute getroffen, das Leben war nicht gut zu ihm, es hat ihm Unrecht getan und vor weiterem Unrecht will er sich und seine Truppe schützen. Das ist seine gute Absicht, mit der er jedoch auch verhindert, dass neue Erfahrungen gemacht werden, und nicht anerkennt, dass wir akzeptieren müssen, dass das Leben nicht gerecht ist.

Gegenmittel: Das Leben ist nicht gerecht. Punkt. Das zu verstehen und annehmen zu können, fehlt im Denken des Verbitterten. Er muss lernen, sich selbst zu fragen: Wo war ich nicht wach, wo habe ich Erwartungen projiziert, wo war ich so sehr auf meine eigenen Bedürfnisse fokussiert, dass ich die äußere Welt benutzte, um meine Bedürfnisse zu befriedigen? Wo war es unrealistisch? Wo habe ich zu schnell Ja gesagt und nicht oft genug Nein? Wo habe ich mich geweigert, die Realität zu sehen und anzunehmen? Wie genau verlief der Weg in die Verbitterung? Wo hätte ich abbiegen können, und habe es doch nicht getan? Wo war ich unachtsam, unklar und zu sehr von intensiven Gefühlen geleitet? Welche Bedürfnisse stehen dahinter? Dieses neue Bewusstsein führt schließlich aus der Verbitterung.

Der Schuldige

Schuld lähmt, also kann man gar nichts mehr tun und sich nicht entwickeln … aber man weiß, dass man Fehler gemacht hat, man gibt sie zu, so die positive Absicht des Schuldigen. Doch Schuldgefühle lassen den Plastikmüll in den Ozeanen nicht schrumpfen oder den Hunger in Afrika. Die Last der Schuld macht krank und blind für die Zukunft. Nichts geht mehr, weder den Moment zu genießen noch Visionen für die Zukunft zu entwickeln. Das Leben verliert die Farbe und die Freude.

Gegenmittel: Um die Bremse der Schuld zu lösen, müssen wir den Schmerz erlauben und zulassen, jemanden verletzt zu haben, Unrecht getan zu haben, Fehler einzugestehen. Es braucht Mut, das Herz für diesen Schmerz zu öffnen. Wenn das geschehen darf, kann in diesem aufweichenden Gefühl des Eingestehens tiefes Bedauern ausgedrückt werden. Danach sind wir frei, eine klare Entscheidung zu treffen, es nie mehr zu tun. Entsprechend erschaffen wir im Inneren ein zukünftiges Selbst, das sich anders verhält, und somit erscheint die Zukunft wieder hoffnungsvoll und lebenswert.

Der Rachsüchtige

Ohne Verzeihen und Versöhnung fällt das Loslassen schwer und das Sterben auch. Außerdem nehmen wir unsere unversöhnten Rachegefühle mit in unser nächstes Leben. Was dem Rachsüchtigen in seiner Überidentifikation egal ist; er hält seine Sturheit für eine gute Absicht und »ergeilt« sich an seinen Vergeltungsplänen. Er kann davon regelrecht besessen sein, ja, sie werden zu seinem Lebensinhalt. »Auge um Auge, Zahn um Zahn«, es hört nie auf. Tatsächlich ist der Körper blockiert mit dem Schmerz der Erinnerung und verhindert jegliche Transformation, das Energielevel des Körpers kann sich nicht auf eine höhere Ebene entwickeln.

Gegenmittel: Rachsucht führt letzten Endes ins Opfertum. Von der Wut gelangen wir ins Selbstmitleid und verlieren jegliche Würde und Selbstrespekt. Da die schmerzhaften Gefühle uns selbst am meisten belasten, ist Rache ein Eigentor. Hier kommt es darauf an, den Geist in eine neue Richtung auf eine höhere Ebene zu bringen. Lernen Sie, Ihren Feinden das zu wünschen, was sie gerne hätten. Angenommen, ein Geizhals hat Sie um Geld betrogen: Wünschen Sie ihm einen Riesentresor voller Geld.

Unsere Energie, die bisher auch an Teilpersönlichkeiten gebunden war, wird in der Transformation freigesetzt. Es beginnt die große innere Heilung – von Stufe zu Stufe, wie Hermann Hesse in seinem wundervollen Gedicht schreibt:

Stufen

Wie jede Blüte welkt und jede Jugend
Dem Alter weicht, blüht jede Lebensstufe,
Blüht jede Weisheit auch und jede Tugend
Zu ihrer Zeit und darf nicht ewig dauern.
Es muss das Herz bei jedem Lebensrufe
Bereit zum Abschied sein und Neubeginne,
Um sich in Tapferkeit und ohne Trauern
In andre, neue Bindungen zu geben.
Und jedem Anfang wohnt ein Zauber inne,
Der uns beschützt und der uns hilft, zu leben.

Wir sollen heiter Raum um Raum durchschreiten,
An keinem wie an einer Heimat hängen,
Der Weltgeist will nicht fesseln uns und engen,
Er will uns Stuf' um Stufe heben, weiten.
Kaum sind wir heimisch einem Lebenskreise
Und traulich eingewohnt, so droht Erschlaffen,
Nur wer bereit zu Aufbruch ist und Reise,
Mag lähmender Gewöhnung sich entraffen.

Es wird vielleicht auch noch die Todesstunde
Uns neuen Räumen jung entgegensenden,
Des Lebens Ruf an uns wird niemals enden …
Wohlan denn, Herz, nimm Abschied und gesunde!

Reisegepäck:

Was wollen wir in unserem dritten Drittel tragen?

Nun sind wir schon eine Weile in unserem Bus unterwegs, er rollt und rollt bergauf und bergab, und manchmal setzt er zu einem kleinen Sprung an, hopst über einen Hügel, vielleicht wachsen ihm sogar Flügel. Denn unser Bus, das ist schon ein besonderer, womöglich hat der geniale Q, James Bonds erfindungsreicher Technik-Tüftler, ihn getunt. Q selbst hatte, dies nur am Rande, auch schon ein paar Hunderttausend Kilometer auf dem Buckel. Er gehörte nicht zum alten Eisen, sondern seine Erfahrung wurde geschätzt – so wie das früher einmal bei uns war und heute noch in Asien üblich ist. Ältere Menschen, die sich ihrer Entwicklung gewidmet haben, ziehen jüngere an, anstatt ihnen zur Last zu fallen, wie es die Schreckensvision vieler Senioren ist. Aber früher waren Schrottplätze auch Schatzgruben für Ressourcen. Heute gibt es immer weniger, weil alles weggeworfen wird. Und fast ein bisschen wie Schrott fühlen sich ältere Menschen tatsächlich manchmal behandelt – *keiner braucht mich mehr*. Moment mal: Wer sitzt am Steuer? Womöglich wäre ein Fahrerwechsel nötig!

Wie ist die Stimmung in Ihrer Reisegesellschaft? Haben sich die Passagiere, die Teilpersönlichkeiten, vielleicht umgruppiert, und vor allem und immer wieder: Wer lenkt den Bus? Diese Frage sollte man sich jeden Tag öfter stellen, besonders in »komischen« Situationen. Wir erkennen sie, sobald wir unsere Aufmerksamkeit auf unseren Körper richten, denn im Laufe der Evolution haben wir Menschen eine hohe Sensibilität für Situationen entwickelt, in denen etwas nicht in Ordnung ist. Die Physis ist schneller als der Geist, blitzschnell kommen die Signale – und jetzt sollten wir eigentlich reagieren. Doch wir bewerten diese Signale häufig falsch, wenn wir sie überhaupt bemerken, nicht als dringlich – sind ja bloß Gefühle –, wie die scheinbar viel bedeutenderen Botschaften aus unserem Verstand. Was heißt hier bloß Gefühle! Kein Wunder, dass sich so viele Menschen erschöpft, ja, ausgebrannt fühlen in einer Kultur, in der es geradezu verpönt ist, physische Rektionen als Indikatoren für seelischen Stress ernst zu nehmen! Stattdessen werden wir aufgefordert, über unsere Grenzen zu gehen: Alles ist machbar, noch schneller, weiter, höher.

Bitte ignorieren Sie körperliches Unbehagen nicht, sondern achten Sie auch und gerade in belastenden, stressigen Situationen auf Ihren Körper. Er ist unser Seismograf für die Erdbeben in unserer Seele. Halten Sie stets einen Fühler frei für die Regungen Ihrer Seele – manchmal müssen Sie ihn erst freischaufeln. Und behalten Sie Ihr Reisegepäck im Auge!

Gewiss kennen Sie die großen Klappen an den Seiten der Busse. Sie öffnen sich mit einem Zischen … und … was sehen Sie? Womöglich lagert hier die Antwort auf die Frage, warum Ihr Bus nicht so richtig ins Rollen kommt, geschweige denn mal Fahrt aufnimmt: Je mehr Gepäck, desto schwerer ist es, vom Fleck zu kommen. Brauchen wir das ganze Zeug überhaupt? Das zwölfteilige Steakbesteck, wenn vielleicht doch mal Besuch kommt, den alten Schaukelstuhl, den wir eigentlich bisher nur bei Umzügen angefasst haben, um ihn von einem Keller in den nächsten zu transportieren? Sechzig Paar Schuhe für zwei Füße und zwanzig Jacken für zwei Arme, zehn Bettbezüge … das kann einem schon mal den Schlaf rauben, denn das ganze Zeug braucht ja Aufmerksamkeit. Muss gewartet, verwaltet werden, gewaschen, gebügelt, dann hat man plötzlich

Motten drin. Viele Dinge werden mit der Zeit lästig, wir haben uns jedoch so an sie gewöhnt, dass wir gar nicht auf den Gedanken kommen, uns von ihnen zu trennen. Aber je mehr altes Gerümpel wir durch die Landschaft kutschieren, desto weniger Platz ist für Neues. Neue Menschen, neue Gedanken, neue Gewohnheiten. Jede Art von Besitz, auch die Verwaltung von Geld – Aktien, all das bindet unsere Aufmerksamkeit, und am Ende haben wir unseren Kontostand entwickelt, aber leider uns selbst vergessen.

Es sind nicht nur Dinge, die uns belasten, sondern auch Vorstellungen, Gewohnheiten, Meinungen … manche unserer eigenen Träume. All das verbraucht Lebensenergie, mit der wir im Alter klug haushalten sollen. Wir schrauben Energiesparlampen in unsere Leuchtkörper und schmeißen unsere eigene Energie zum Fenster raus. Also, schauen Sie mit Ihrem neuen klaren Blick in den Laderaum Ihres Busses und die Kellerabteile und staunen Sie, was Sie dort entdecken. Und vor allem behalten Sie Ihren eigenen Körper gut im Auge, im Sinn! Gemäß der buddhistischen Lehre existiert keine Grenze zwischen Körper und Geist. Vielmehr wird der Körper als Erscheinungsform des Geistes betrachtet, beide Sphären sind durch das Bewusstsein miteinander verbunden. Geistige Prozesse formen den Körper, körperliche beeinflussen den Geist.

Vermutlich hat sich für Sie schon einiges verändert, seitdem Sie sich mit Ihrer Reisegesellschaft befassen. Womöglich hat sich in Ihnen eine Art Reiseleiter formiert, eine Teilpersönlichkeit namens Ich, die keine Lust mehr hat, ziellos durch die Landschaft des dritten Drittels zu gurken. Ein Ich, das diese kostbare Zeit nutzen möchte, um eine beste Version von sich selbst zu kreieren und sich auf die nächste Reinkarnation vorzubereiten – mit dem kleinengroßen Nebeneffekt, dass auch dieses Leben reicher, strahlender, klarer, weiter, heller, leuchtender wird. Wir schalten schließlich nicht in den fünften Gang, sondern ins erhöhte Bewusstsein. Und wie geschildert, können uns schon mal Flügel wachsen – wenn uns nicht zu viel Gepäck am Boden hält, vom Wesentlichen ablenkt, unsere Gedanken kapert, unsere Entwicklung blockiert und uns Geistesgifte lähmen.

Überflüssiges Gepäck: Wovon Sie sich verabschieden sollten

Der Buddhismus benennt drei »Geistesgifte«, die für das Leid der Menschen verantwortlich sind: Unwissenheit, Ablehnung und Anhaftung. Aus Unwissenheit erkennen wir oft nicht, dass wir an Dingen, Menschen, Verhaltensweisen festhalten, und lehnen es darüber hinaus ab, uns zu verändern. Im Kapitel über das Gesetz von Ursache und Wirkung, Karma, widme ich mich den drei Geistesgiften ausführlich. An dieser Stelle beschränken wir uns auf die Anhaftung – an Besitz, Menschen, Meinungen, unser eigenes Bild von uns selbst. Was daran können wir entrümpeln, um entspannt und inspiriert durch unser drittes Lebensdrittel zu reisen? Dazu gehört es auch, uns von manchen Träumen zu verabschieden. Ist es wirklich attraktiv, mit sechsundsechzig Jahren Golfweltmeister werden zu wollen oder Vater? Der Geist der Anhaftung blockiert unsere Energie, wir fesseln uns selbst und hindern uns an unserer Ent-Wicklung. Besonders tragisch ist das, wenn wir uns an destruktive Emotionen binden, die im Alter groteske Formen annehmen können. Es gibt ja nicht nur tolerante ältere Menschen, sondern auch engstirnige, unbewegliche, von Routinen abhängige – und starrsinnige. Einem solchen ist es ein Dorn im Auge, vor seinem Rivalen zu sterben, da werden Nachbarschaftsstreitigkeiten erbittert wie Zweikämpfe über Leben und Tod geführt, unversöhnlich steht man sich in der Familie gegenüber, kennt nur noch ein Thema. *Wenn mein Bruder nicht wäre. Wie schön wäre mein Leben ohne diesen Bösewicht. Ach, wenn er doch endlich weg wäre!* Kaum erweist der Bruder diesen letzten Gefallen, stellt sich heraus, dass das keinen Einfluss auf die eigene Lebenszufriedenheit hat, im Gegenteil. Jetzt wird er vermisst, die heißen Gefühle fehlen, die er anstachelte, ohne ihn ist alles trist und lau. Aber vielleicht kann man sich doch noch ein bisschen aufregen, indem man immer wieder rekapituliert, was er alles Schlimmes gemacht hat damals. Und so steuert diese Teilpersönlichkeit ihren Bus in die nächste Schleife und dreht noch eine Runde und noch eine in der Vergangenheit und noch eine … vielleicht jahrelang. Übrigens nicht nur zum Leid der Businsassen. Auch Kinder leiden darunter, wenn ihre Eltern im Alter erstarren oder immer wieder und wieder alte Geschichten aufwärmen.

Was für eine Energieverschwendung! Gewiss ist es nicht einfach, von Außensicht auf Innensicht zu schalten, doch es ist möglich – und das ist das Ziel unserer Reise in diesem Buch. Wir wenden uns nach innen, damit es außenherum schöner wird. Denn wenn wir nur nach außen blicken, weiden wir das Innen aus. Ganz tief in uns wissen wir, dass wir uns in Harmonie mit uns selbst und unserer Umwelt besser fühlen würden. Im christlichen Kontext würde man sagen: Sich selbst mehr und mehr als die Seele erleben, als die wir in diesen Körper gekommen sind; Gott erfahren. Im Buddhismus sprechen wir nicht von der Seele, sondern von der uns innewohnenden Buddha-Natur. Einige der beliebtesten Gründe, das Paradies zu bestreiken, sehen wir uns im Folgenden an, sozusagen Klebstoffe, mit denen wir uns selbst binden.

Kindheitsmuster

Viele zwischenmenschliche Konflikte können dadurch erklärt werden, dass ein Mensch oder gar alle Beteiligten nicht so alt sind, wie sie aussehen. Was vielerorts erwünscht wird, ist, wenn es um ein gutes Miteinander geht, alles andere als förderlich. Denn Zwei-, Drei- und Vierjährige sind nicht demokratiefähig. Sie regieren autokratisch oder gar diktatorisch, und es fehlt ihnen die Reife zu erkennen, dass sie keineswegs der Nabel der Welt sind, dass jeder

Mensch seine eigene Welt bewohnt, also auch die anderen, die gefälligst tun sollen, was die unreifen Persönlichkeiten erwarten, für die nur zählt: Wer nicht für mich ist, ist gegen mich, und das muss bestraft werden.

Sicher ist Ihnen im Lauf Ihres Lebens auch der oder die eine oder andere Dreijährige in Anzug oder Kostüm begegnet. Nicht wenige schaffen es bis auf den Chefsessel, und wenn man sich das genauer ansieht, verwundert es nicht. Im Alter von dreieinhalb Jahren erreicht die körperliche Ruppigkeit ihren Höhepunkt. Da wird gebissen, gekratzt, gezwickt und getreten. Was die kleinen Großen so natürlich nicht tun, also nicht offensichtlich, aber unterschwellig, weil sich ein Teil ihrer Persönlichkeit nicht weiterentwickelt hat. Und so bocken und trotzen sie, spielen beleidigte Leberwurst und halten sich die Augen zu und verbeißen sich als blinde Kuh ins Lenkrad und steuern auf den Platz des Vorstands zu. Das ist tragisch für alle anderen, doch sie sind ja keine Statisten, sondern spielen eifrig auf der Klaviatur ihrer eigenen Kindheitsmuster und Teilpersönlichkeiten, man kennt das alles aus dem Kindergarten, der nicht selten in der Weltpolitik wiederholt wird.

Ich glaube, dass unzählige Busse auf unseren Lebensstraßen von Kindern gesteuert werden. Aus eigener Erfahrung weiß ich, dass das großen Spaß macht. Doch Kinder am Steuer sind nicht verkehrssicher und produzieren Unfälle am laufenden Meter, und nicht selten stürzt ein Einzelner viele andere ins Unglück. Oder steht plötzlich ganz allein da, denn keiner konnte ihn, beziehungsweise sein seltsames Verhalten verstehen. Oder vielleicht doch? Ein anderer Vierjähriger. Und so fahren sie bis heute um die Wette. Da hilft nur eins: Ein beherzter Sprung in den Straßengraben, falls Sie im Weg stehen oder im Bus übernimmt eine andere Teilpersönlichkeit das Steuer. Wozu Sie aber erst einmal erkennen müssen, dass Sie mehrere sind und nicht alle einen gültigen Führerschein besitzen.

Gemäß der buddhistischen Lehre existiert in jedem Menschen ein reines, strahlendes Ich. Es ist wohlgesinnt, konstruktiv, lebensbejahend. Wenn nun aber durch ungünstige Umstände wie belastende Erfahrungen – zum Beispiel Ablehnung, Zurückweisung, seelische oder körperliche Gewalt – Teilpersönlichkeiten aktiviert werden, können diese den reinen Kern des Ich überdecken. Doch er ist da! Ebenso vorhanden sind allerdings Teilpersönlichkeiten, die als Kindheitsmuster auf Knopfdruck wie der Teufel aus dem Schachterl hochschnellen. Und gerade wenn Menschen jenseits der sechzig aufhören zu arbeiten, fallen sie oft in Kindheitsmuster zurück. Werden rechthaberisch, weinerlich, jähzornig, starrsinnig, trotzig, depressiv. Geballt kann man das in Seniorenheimen erleben, besonders bei dementen Menschen, die innerlich in ihre Kindheit reisen. Doch auch ohne Demenz kann uns ein Kindheitsmuster dirigieren. Ich erinnere mich an ein Gespräch mit meinem Vater, für den die Orientierung enorm wichtig war als Komponist und Dirigent. Auf dem evangelischen Kirchentag trat er seinerzeit mit seinem Orchester vor über 30.000 Menschen auf und stand als Kapitän der Musiker vorne am Pult. Im Alter überkam ihn manchmal ein seltsames Gefühl der Verwirrtheit. Wir suchten eine Fährte und landeten bei der Flucht von Danzig nach Berlin, die mein Vater als Kleinkind miterlebte und die nun in Gestalt diffuser Ängste zurückkehrte. Nein, nicht zurückkehrte, sie war immer da, doch im Alter werden unsere Abwehrmechanismen schwächer. Deshalb ist es jetzt so wichtig, all den Gestalten und Gepäckstücken im Untergrund ins Auge zu sehen. Und auch dem Gedankenkarussell, das im dritten Lebensdrittel manchmal zu einer Plage werden kann.

Lähmende, zwanghafte, sinnlose Gedanken

Der Geist plappert gern. Man schätzt, dass 95 Prozent unserer Gedanken Müll sind. Ob ich den Zug wohl noch kriege, der Mann da vorne ist aber dick, hoffentlich ist nächsten Monat schönes Wetter, und das waren schon die Neuigkeiten. Nachgeplappert werden nämlich auch die immer gleichen Schleifen: *Ich bin eben so, ich kann nicht, wenn XY gewesen oder geschehen wäre, hätte, hätte, hätte, warum, immer ich* und so weiter und so weiter. So rasen unsere Gedanken auf breit ausgebauten Autobahnen dahin, längst voll automatisiert. Sitzt da irgendwer am Steuer, kriegt das einer mit oder fährt sowieso nur noch die Teilpersönlichkeit Autopilot? Und weil wir immer wieder dieselben Gedanken denken, sind die Straßen breit und bequem.

Bewusst zu denken, Neues zu denken, heißt, Pfade in den Geist zu bauen, die uns in Welten führen, die wir nie zuvor erfahren haben. Also kleben Sie nicht an den Autobahnen fest, sondern erkunden Sie die Landschaft rechts und links davon. Ihre Gedanken sind die Eintrittskarten, und sobald Sie Neuland betreten, sind Sie wach, konzentriert, gespannt, präsent und haben die Chance, etwas völlig Neues zu erleben und daran zu reifen. Das findet bei zwanghaften sinnlosen Gedanken nicht statt. Sie drehen sich meistens um mögen und nicht mögen. *Die mag ich, die mag ich nicht, das mag ich, das mag ich nicht.* Ganz schön langweilig, oder? Auch die Fortsetzung: *Die hat was gemacht, was ich nicht mag. Jetzt ärgere ich mich. Und das soll die ruhig merken, dass ich mich ärgere.* Ja, vielleicht merkt sie es, vor allem aber merken wir selbst es und sind schlecht drauf. Wenigstens können wir einen Schuldigen benennen: *Die.* Besonders Nachbarn eignen sich dazu. Man beschäftigt sich Tag und Nacht mit ihnen, lauscht, was sie jetzt schon wieder Schlimmes gemacht haben – Baden um 21 Uhr, bitte, das macht doch kein anständiger Mensch! Obwohl es behauptet wird, liegt es nicht im Interesse, einen Konflikt zu lösen – außerdem kann man »mit denen« sowieso nicht reden –, sondern die belebenden Affekte des Implodierens zu genießen, die zwanghaften sinnlosen Gedanken im Kreis auszutoben. Tage-, ja sogar wochenlang können Menschen, die zu zwanghaften sinnlosen Gedanken neigen, diese Schleifen drehen, manchmal lebenslänglich. Die künstlich aufgebauschten Dramen, die hier produziert werden, sind lediglich ein Ersatz für echte Lebensintensität. An dieser Stelle verstehen wir, warum die Unwissenheit im Buddhismus als ein Geistesgift gilt. Wenn wir nicht wissen, können wir auch keine Alternativen finden. Doch das ändert sich nun. Es gibt immer Alternativen. Autobahn oder Landstraße oder wagen wir mal eine Schotterpiste? »Ja, unbedingt!«, ruft mein Rallye-Stephan und ich lasse ihn … aber nur für ein kurzes Stück. Er war wichtig, um die gewohnten Bahnen zu verlassen, aber wenn wir erst mal im Unterholz sind, sollte Weisheit statt Wildheit ans Steuer. Um dies zu erkennen, müssen wir uns natürlich im Auge behalten, beziehungsweise der Beobachter übernimmt das. Und noch einmal zur Erinnerung: Er be- und verurteilt nicht. Er beobachtet nur.

Buddhismus bedeutet also auch, Unwissenheit in Weisheit zu verwandeln – zum Wohle aller – und Gutes in die Welt zu bringen und sie eines Tages mit dem entwickelten Potenzial eines erhöhten Bewusstseins zu verlassen. Um das zu erreichen, darf man nicht faul sein!

Bequemlichkeit

Je älter wir werden, desto anstrengender ist es, unsere Komfortzone zu verlassen. Besonders abends entwickelt das Sofa eine enorme Anziehungskraft. Der Fernseher säuselt vor sich hin, ach wie gemütlich. Tatsächlich? Warum aber hat man am nächsten Morgen das Gefühl, den Abend verschenkt zu haben, beziehungsweise kann sich gar nicht mehr daran erinnern, was man gesehen hat? Wird schon nicht so wichtig gewesen sein. Genau, war nicht so wichtig. Was aber ist wichtig? Und kriegen wir das vom Sofa aus, idealerweise mit der Fernbedienung? Ich drückte die Eins für spirituelles Wachstum und die Null für Erleuchtung. Nein, klappt nicht! Alles, was leuchtet, ist das Standy-by-Lämpchen. Schalten Sie es aus und dafür Ihr inneres Licht an.

Manche Menschen glauben, im Alter hätten sie es verdient, es sich bequem machen zu dürfen, nachdem sie ihr Leben lang fleißig waren. Ich glaube, gerade im Alter haben wir es verdient, endlich für uns selbst fleißig zu sein, uns den wirklich wichtigen Dingen zu widmen. Denn letztlich ist das mit der Bequemlichkeit ein Missverständnis. Wirklich bequem haben wir es nur, wenn wir uns diszipliniert weiterentwickeln. Was mich betrifft, weiß ich, dass ich nicht nur für meine Rente in diesem Leben vorsorge, sondern auch für meine ganze Zeit im nächsten. Wenn ich jetzt bequem liegen bliebe, dann verschlafe ich einen neuen guten Start. Und das alles ist überhaupt kein Belohnungsaufschub, denn jeder Mensch, der den inneren Schweinehund besiegt hat, fühlt sich froh und glücklich, wird überflutet von positiv stimmenden Botenstoffen und das motiviert ihn, weiterzumachen. Also wickeln Sie sich aus Ihrer Kuscheldecke und entwickeln Sie Ihren Geist und Ihren Körper und Ihre Buddha-Natur! Bequemlichkeit ist ein Geistesgift, genauso wie das folgende:

Toxische Beziehungen

Wer kennt sie nicht, diese »typischen« Ehepaare, die sich tagein, tagaus fast schon bekriegen. Unerbittlich umkreisen sie sich, schenken sich nichts, sticheln, nörgeln, kritisieren, maßregeln, schießen auch mal scharf mit Worten. Wie halten die das bloß aus? Und wenn man fragt, hört man vielleicht: *Wir sind seit vierzig Jahren verheiratet, der ändert sich nicht mehr. Die ist eben so.* Und weil sie eben so ist oder er, will man ständig raus aus seiner gepiesakten Haut und ist gar nicht gern zu Hause. Und in Gesellschaft heißt es: *Halt das Messer doch mal ordentlich, wie sitzt du denn da, mein Mann hat keinen Humor, meine Frau war früher auch schlanker* und so weiter und so weiter.

Der amerikanische Psychologe John Gottmann hat einen Test entwickelt, der in kürzester Zeit offenlegt, ob ein Paar eine glückliche Ehe führt. Er beschreibt auch, wie das gelingen kann, doch wenn der Saboteur oder die Kritiksüchtige am Steuer sitzt, kann auch ein Gottmann nicht helfen. Und so verdreht die Ehefrau weiter die Augen gen Himmel, während ihr Mann mit anderen spricht, und er straft sie mit Schweigen. Ja, das ist gruselig, aber sie halten aus, bis der Tod sie scheidet – und sie stellen es als Erlösung dar, endlich ist er weg; aber wehe, es trifft sie zuvor, todkrank bedauern sie, ihr ganzes Leben an den falschen Partner verschwendet zu haben. Kurios wird es, wenn der überlebende Partner, der kein einziges gutes Haar an seiner schlechteren Hälfte ließ, nach deren Tod plötzlich überall schwärmt, wie glücklich er mit seiner besseren Hälfte gewesen wäre … Ist es nicht schier unglaublich, was unser Geist zu leisten imstande ist? Wir leben in der Realität, die wir uns aussuchen. Warum also wählen wir so oft die unangenehme Variante?

Unter dem Dogma der Unaufkündbarkeit der Ehe litten vor allem frühere Generationen, als Scheidung noch ein Makel war. Heute gehört sie in Großstädten mit Scheidungsraten bis zu 50 Prozent fast schon zu den kleinen Missgeschicken des Lebens.

Ich bin unbedingt für Scheidung – von toxischen Beziehungen! Die findet man auch im Freundes- und Familienkreis. Aber oft merken die Betroffenen gar nicht, in welchem traurigen Spiel sie agieren. Manchmal mangelt es einfach an einer Alternative wie zum Beispiel einer wertschätzenden Entlassung: Du steuerst den Bus nun schon sehr lange – danke für dein Durchhaltevermögen und dass du viele gefährliche Kurven geschickt gemeistert hast. Und jetzt will ich mal auf den Fahrersitz! Danke an das wilde Kind, dass du mein Leben so abwechslungsreich gestaltet hast, wir haben viel miteinander erlebt, doch nun ist es an der Zeit, dass ich das Ruder übernehme. Danke, dass du dich immer um meine Zukunft gesorgt hast und dir so viele Gedanken gemacht hast, was alles schieflaufen könnte. Ich verstehe deine gute Absicht, mich zu schützen. Ich kann jetzt selbst abwägen und gut auf mich aufpassen.

Und wenn das nicht fruchtet, kann man immer noch aussteigen – und das tun immer mehr ältere Menschen. Während in dieser Altersgruppe früher Scheidungen eher selten waren nach dem Motto »Das sitzen wir jetzt auch noch aus«, trennen sich heute immer mehr Frauen über sechzig von ihren Männern, weil sie das Gefühl haben, lange genug im falschen Leben ausgeharrt zu haben. Und jetzt, wo die Kinder flügge sind, brechen sie endlich in ihr eigenes Leben auf. Oder weil ein Haustier gestorben ist, das jahrelang als Puffer zwischen den Kontrahenten versöhnlich wirkte. Oder weil … ein großes Abenteuer lockt: das dritte Drittel! Und endlich ganz ohne Drama, dafür mit viel Dharma, Lehren, die zur Erleuchtung führen.

Heldenträume

Wer kennt sie nicht, die Wünsche, reich und berühmt zu sein, vor allem berühmt. Bei manchen Menschen führt der Ruhm in die Sucht. Bei anderen ist es der Traum vom Helden, der immer weiter geträumt wird, auch wenn man die vierzig, fünfzig erreicht hat. Endlich mal unter donnerndem Applaus im Scheinwerferlicht stehen, endlich an der Spitze angekommen sein, endlich ein Superstar sein. Gewiss, Heldenträume machen Spaß, und für Kinder und Jugendliche sind sie auch wichtig, weil sie motivieren. Doch wenn wir ein gewisses Alter überschritten haben, sollten wir uns von ihnen verabschieden, anstatt an neuen Legenden zu stricken, nämlich jenen, die davon erzählen, warum wir, obwohl es uns zustünde, doch noch kein Held geworden sind, natürlich: Die Umstände sind schuld. An Legenden und Umständen zu basteln verschlingt viel Zeit und Energie. Letztlich hält uns das davon ab, uns dem Machbaren zu widmen. Doch das Machbare ist, wie das Wort sagt, das, was wir erreichen können. Und wir können uns durchaus zur Decke strecken! Das Machbare ist die eigene Zukunft und ja, die Vision von der eigenen Zukunft, die beste Version von uns selbst. Meiner Meinung nach ist es eine wahre Heldentat, diese zu verwirklichen, auch wenn wir dann nicht im Rampenlicht stehen und Applaus bekommen. Es ist einem auch nicht mehr wichtig, eigentlich hat man es komplett vergessen. Und genau deshalb strahlt da etwas von innen nach außen.

Schlechte Gewohnheiten, Süchte

Bei schlechten Gewohnheiten denken wir in der Regel an das Bierchen und die Torte zu viel. Doch wir haften nicht nur an sinnlichen Genüssen, die sich in Form von Hüftspeck bei uns anhaften. Auch unsere Einstellung zum Leben kann von schlechten Gewohnheiten und Süchten durchdrungen sein, zum Beispiel, wenn wir uns wieder und wieder über dieselben Politiker, eine bestimmte gesellschaftliche Gruppe oder Motorradfahrer, Falschparker oder Laubbläser oder Plastikmüll – was auch immer aufregen. Das bindet unsere Aufmerksamkeit und Energie im Außen, macht auch ein bisschen warm, wir regen uns auf, aber all das, was sein könnte an Entwicklung, verpufft. Und weil wir so engagiert darüber sprechen, merken wir gar nicht, dass wir in der Falle sitzen. Wir suchen Schuldige und haben so den Vorteil, zu den Guten zu gehören. Ich trenne meinen Müll! Und wenn der später wieder zusammengeschüttet wird, dann bin ich schon mal nicht schuld. Im dritten Drittel sind unsere Augen weitsichtig, und wir können erkennen, wo unsere Blicke anhaften – und kleben bleiben:

Projektionen

Projektionen werden gefüttert aus der Unwissenheit, der Anhaftung und der Ablehnung in uns. Wer beispielsweise das Alter ablehnt, an der Jugend anhaftet und nicht erkennt, dass er Teil des Göttlichen ist, das durch ihn strömt, beginnt zu fantasieren: Ich werde nicht mehr wahrgenommen, ich werde abgelehnt, ich gehöre zum alten Eisen und so weiter. Energie, die wir sinnvoll für unsere innere Entwicklung nutzen könnten, verpufft im Außen. Tragisch ist es, wenn die Projektionen in einen Widerstand gegen nicht zu ändernde Gegebenheiten führen. Manchen Leuten kann man das am erstarrten Gesicht ablesen.

Geradezu verheerend kann es sich auswirken, wenn wir unsere Projektionen für real halten, unsere Fantasie mit Realität verwechseln. Seien Sie wachsam, wann immer Sie glauben zu wissen, was andere fühlen und denken. Denn Sie wissen nur, was Sie selbst fühlen und denken. Alles, was darüber hinausgeht, sieht in anderen nur Kopien der eigenen Wahrnehmungen und daraus resultieren Missverständnisse und Probleme und schlimmstenfalls Kriege.

Wann immer wir einen neuen Menschen treffen, scannen wir sein Bild in unseren Zentralcomputer im Kopf und suchen ein bis drei Kandidaten, die ihm ähneln. In Sekundenbruchteilen treffen wir eine Wahl und gehen mit dem Gefühl, das wir zum Vergleichsobjekt abgespeichert haben, auf den neuen Menschen zu, den wir nicht kennen, von dem wir nichts wissen – und doch alles, da wir einen Treffer in unserer Datei gelandet haben. Das geschieht in Sekundenbruchteilen. Wir alle handeln so und werden in der Übertragungsprojektion auch von anderen so behandelt.

Auch sehr beliebt ist die Gegenübertragung: Wir sind blind für unsere eigene Schattenseite, sehen sie aber umso deutlicher bei anderen. Wir kommen oft zu spät, blenden das aber aus, und regen uns fürchterlich auf, wenn jemand anders zu spät kommt. Wir wissen, dass es nicht gut ist, gewisse Dinge zu tun oder zu kaufen, vergessen aber, dass wir es machen, und empören uns darüber, wenn andere es tun. Wir erklären, dass wir Leute, die ständig jammern, nicht leiden können, und beklagen uns dann ausgiebig über eine Freundin, die ständig jammert. Womit wir nichts anderes tun. Es ist manchmal geradezu frappierend, Zeuge solcher Situationen zu werden, in denen Menschen das, was sie selbst tun und lassen, anderen ankreiden. Besonders, wenn übereinander geklatscht wird. Ein kurzer Vorsatz »Du weißt ja, dass ich nicht tratsche, aber …« Und dann geht es los. Das kann manchmal durchaus amüsant sein, wir fühlen uns wohl in diesem lauwarmen Geschwafel wie auf dem Sofa mit den Chips. Doch wir sollten uns nicht davon wegspülen lassen, sondern klar und bewusst bleiben. Vor allem bei der Wünscheprojektion, die dritte in der Runde. Sie ist sehr beliebt in Beziehungen. Wir projizieren Fähigkeiten und Eigenschaften auf unsere Partner, über die sie nicht verfügen, und sind dann enttäuscht, wenn sie uns diese vorenthalten – »Das macht der doch mit Absicht!« Auch wenn Menschen nach einem festgelegten Beuteschema vorgehen, verlieben sie sich in ihre eigenen Ideen. Sie glauben, dass ihre Beute über diese und jene Eigenschaften verfügt und sind dann enttäuscht, wenn die Beute ganz anders ist, als sie sein muss laut eigener Fantasie. Oder wütend, weil sie nicht das bekommen, was sie erwarten oder von dem sie glauben, es stünde ihnen zu, denn so muss es doch sein, wenn sie es sich ausgedacht haben. Leider erkennen sie nicht, dass das alles ein Konstrukt ist. Tragisch ist, dass die Entdeckung, dass Beute und Mensch wenig gemeinsam haben, oft Jahre, wenn nicht Jahrzehnte dauert. In dieser Zeit kann man sehr viel Leid ansammeln. Übrigens nicht nur in Beziehungen. Sehr oft begegnen sich Menschen nicht wirklich, sondern lassen ihre gegenseitigen Vorstellungen voneinander agieren.

Wir projizieren nicht nur im kleinen Rahmen, sondern auch ganz groß. Zum Beispiel, wenn wir Menschen jenseits der Landesgrenze als Feinde bezeichnen. Oder über viele, die wir nicht kennen, sagen, dass sie schlecht oder habgierig oder was auch immer wären. Sätze wie: »Die sind doch alle …, die wollen doch nur …« oder: »Der Russe, der Italiener, der Amerikaner …« sind mit allergrößter Vorsicht als ungenießbar auszusortieren.

Wenn wir unsere eigenen Probleme und unser eigenes Leiden transformieren und Befreiung erreichen wollen, müssen wir grundlegend verstanden haben, dass Projektionen Schall und Rauch sind – Samsara!

Streben nach Beachtung und Anerkennung

Wenn man sein Leben ständig danach ausrichtet, was die anderen darüber denken, und maximale Beachtung und Anerkennung durch andere – die einem kurioserweise oft gar nichts bedeuten – abschöpfen möchte, hat man zu wenig Energie, sich nach innen zu wenden. Und auch keine Zeit, denn man muss ja ständig das Ding in der Hand bedienen, von dem man völlig abhängig ist, weil es einem Anerkennung verschafft – wer alles hat meinen neuen Post gesehen und wie viele Likes habe ich gekriegt? An der Anzahl der Likes wildfremder Menschen wird der eigene Selbstwert abgelesen. Wie wäre es mit einem Like für sich selbst? Und das täglich, mit einem Blick, der sich nach innen wendet. In uns selbst finden wird die leuchtendste Schatzkammer.

Vom Like zum Licht

Die Art und Weise, wie wir uns aus unserem Körper verabschieden, bestimmt unseren Neuanfang. Das Energiefeld, das einen Körper verlässt, zieht in einen neuen ein. Wie wir gesehen haben, reist es sich am besten mit wenig Gepäck. So kennen wir das auch vom Fliegen. Wer nur Handgepäck dabei hat, checkt schneller ein und aus. Wir jedoch lassen auch das Handgepäck am Boden, wir brauchen es nicht, weil wir alles Wichtige in uns selbst verstaut haben. Vor vielen Jahren gab es einmal eine Werbung für eine Kreditkarte. Ein junger Mann reiste in der Badehose um die Welt, er brauchte nichts, er hatte seine Kreditkarte dabei. Wir brauchen nicht mal die. Unser Kredit sind wir selbst, unser Konto ist unser erhöhtes Bewusstsein, damit kommen wir überallhin und darüber hinaus.

Reiseführer:
Karma – Was wollen wir loslassen?

Sie haben nun sehr viel erfahren über Zeug, das man nicht braucht, und über unsere Teilpersönlichkeiten und die Gestalten, in die sie sich verwandeln können. Am Ende unseres Lebens geschieht die ganz große Verwandlung – wenn wir sterben und unseren Körper verlassen. Was nehmen wir mit ins nächste Leben?

Das Sanskrit Wort *Karma* hat längst Eingang in unsere Sprache gefunden, spätestens seit dem Bestseller »Schlechtes Karma«, in dem eine zur Ameise »verdonnerte« Frau sich hochdienen musste. In bestimmten Kreisen gehört es fast zum guten Ton, jedes Missgeschick mit einem Achselzuckenden »Blödes Karma erwischt« zu kommentieren, als könnte man Karma erwischen wie eine Grippe oder einen Zug. Doch Karma stößt einem nicht zu, das Wort bedeutet: Handlung und Tat. Karma ist nicht passiv, sondern aktiv: Es beschreibt sowohl die Kraft, die in unseren Handlungen verborgen liegt, als auch die Ergebnisse, die unsere Handlungen hervorbringen. Und das ist kein Fluch, sondern ein in unserem Alltag sehr nützlicher Segen, wie der Dalai Lama in seiner Autobiografie betont: »Sobald man einmal an eine Beziehung zwischen Ursache und Wirkung glaubt, entwickelt man eine größere Sensibilität den eigenen Handlungen und denen anderer gegenüber. Auf diese Weise kann ich trotz der Tragödie, die sich in Tibet abspielt, sehr viel Gutes auf dieser Welt entdecken.«

Karma beschränkt sich nicht auf Menschen – es betrifft auch ein Land beziehungsweise international viele Länder. Alles ist auf komplexe Weise miteinander verbunden. Wie genau, wie tief, wie umfassend, das kann nur ein erleuchteter Meister sehen. So wie eine winzige Menge Gift töten und aus einem kleinen Samenkorn ein starker Baum wachsen kann, hat auch alles, was wir tun, was wir sagen, was wir denken, wie wir uns verhalten, Konsequenzen. Ursache – Wirkung! Egal, wie klein der Funke sein mag: Er kann eine Scheune voller Heu entzünden und letztlich ein ganzes Dorf niederbrennen. Deshalb sollten wir scheinbare Kleinigkeiten nicht abwertend beurteilen. Steter Tropfen höhlt den Stein, auch wenn es viele Jahre, Jahrzehnte dauern mag. Die Folgen unserer Handlungen holen uns ein, in diesem oder einem anderen Leben, auch ohne dass wir uns an den Ursprung erinnern. Deshalb erklären wir vieles mit Zufall, was jedoch keiner ist. Wenn etwas gut läuft, freuen wir uns: Glück gehabt. Doch Zufall und Glück sind nur zwei Auswirkungen von Karma, wie auch Pech und Unglück. Sogyal Rinpoche zitiert in *Das tibetische Buch vom Leben und vom Sterben* Buddha: »Du bist, was du warst; und du wirst sein, was du tust«, und Padmasambhava, einen Meister aus dem achten Jahrhundert: »Wenn du dein vergangenes Leben kennenlernen willst, schau deine jetzigen Umstände an. Wenn du dein zukünftiges Leben erkennen willst, schau deine gegenwärtigen Handlungen an.«

Diese Betrachtungsweise führt auch die Behauptung von selbsternannten Motivations-Gurus ad absurdum. Wir können eben nicht alles, was wir wollen. Aber das meinen sie auch gar nicht, sie veranstalten Ego-Trainings, die sich auf die materielle Ebene beschränken. Gepusht wird der Glaube an das individuelle Selbst, mit dem man angeblich alles erreichen kann. Dass man dabei andere plattmacht, wird ausgeblendet, wie auch die Folgen für einen selbst – in diesem und im nächsten Leben.

Kleines, mittleres und großes Karma

Beim kleinen, auch Instant-Karma genannt, trinken wir abends zu viel Alkohol, der sich am nächsten Morgen in einen Kater verwandelt hat. Beim mittleren Karma spüren wir die Folgen in zehn oder zwanzig Jahren in unserer Leber und das große nehmen wir mit in ein neues Leben.

Ein Beispiel für Instant-Karma: Ein junger Mann ist auf dem Weg zu einem Vorstellungsgespräch in sein Smartphone vertieft, rempelt grob einen älteren Mann an, bemerkt es kaum, entschuldigt sich nicht und erkennt auch nicht, dass er ihm dreißig Minuten später gegenübersitzt. Der Personalchef hingegen erinnert sich sehr wohl an den Rowdy, während er ihm zuhört, wie er seine stets besonnene und serviceorientierte Haltung preist, eine Voraussetzung für die ausgeschriebene Stelle. Nicht umsonst heißt es: Man trifft sich im Leben immer zweimal. Oft erinnert sich aber nur einer. Viele Dinge geschehen so und nicht anders, weil es eine Vorgeschichte gibt.

Ein Beispiel für das mittlere Karma: Jemand erweist sich über viele Jahre als rücksichtsloser Nachbar, der nur an sich selbst denkt und die Bedürfnisse der anderen missachtet. Als ein Unwetter das Dorf trifft und alle zusammenhelfen, bleibt er allein unter seinem zerhagelten Dach sitzen.

Bei einem Beispiel für das große Karma muss ich passen. Das große Karma erstreckt sich über mehrere Leben, und ich habe zwar die eine oder andere Einsicht, doch ich möchte mich an dieser Stelle bedeckt halten, ganz im Sinne des Buddha, der sagt: »Der Schleier der Illusion liegt über diesem Karma.«

Ich bin immer wieder begeistert von der buddhistischen Weisheitslehre und wie sie den Geist schult. Zudem finde ich sie attraktiver als die Schuld bei uns im Westen, nach der wir als Sünder zur Welt kommen, weil irgendwann mal ein Mann nicht Nein sagen konnte, als ihm eine Frau einen Apfel reichte. Oder soll das etwa auch Ursache und Wirkung sein? Nein, aus dem Körper eines Menschen heraus durchschaue ich das nicht.

Es ist mir enorm sympathisch, dass sich der Buddhismus nicht mit Sünde beschäftigt, sondern mit Bewusstsein. Verhindert wird es nicht von Äpfeln und Schlangen, sondern von drei Geistesgiften, wie es im Buddhismus heißt. Sie beschreiben alles, was uns an der Freiheit hindert. Jedes Leid ist auf eines der drei Geistesgifte zurückzuführen, oft spucken uns alle drei gleichzeitig in die Suppe.

Die drei Geistesgifte

Wir alle kennen die zehn Gebote von Moses, nun ja, so ungefähr. Wir wissen im Großen und Ganzen, worum es geht, auch wenn immer weniger Menschen sie zitieren können. Diese zehn Gebote sind sozusagen religiöse Grundgesetze, wie sie auch in anderen Glaubensrichtungen herrschen. Jede Religion gibt den Menschen Richtlinien. Im Buddhismus, wenn er auch keine klassische Religion ist, sind diese Richtlinien eine Warnung, nämlich vor den drei Geistesgiften. Indem wir danach streben, die drei Geistesgifte zu minimieren, tun wir uns und anderen, der ganzen Welt, Gutes. Alle wichtigen Religionen dieser Welt möchten den Menschen dabei helfen, sich zu verändern und zu verbessern. Alle Religionen betonen Eigenschaften wie Liebe, Mitgefühl, Geduld, Vergebung, Demut oder die Selbstdisziplin. Nach Meinung des Dalai Lama genügt es nicht, dass sich die Vertreter einer Religion ausschließlich dem Gebet widmen. In seiner Autobiografie schreibt er: »Sie haben die moralische Verpflichtung, den größtmöglichen Beitrag zu leisten, die Probleme der Welt zu lösen.« Und er erinnert sich an einen indischen Politiker, der daraufhin widersprach: »Wir sind doch Politiker, keine Mönche!«

Worauf der Dalai Lama antwortete: »Ein Politiker braucht die Religion noch viel dringender als ein Eremit, der in seiner Höhle lebt. Wenn der Einsiedler schlecht handelt, dann schadet er nur sich selbst. Aber wenn jemand, der direkten Einfluss auf eine ganze Gesellschaft hat, aus niedrigen Motiven handelt, dann bekommt eine große Anzahl von Menschen die negativen Folgen seines Handelns zu spüren.«

Wenn der Geist vergiftet ist, verzerrt sich die Wahrnehmung der Welt, des Lebens – das Leid vermehrt sich, Schwierigkeiten verdoppeln sich. Es sind die Geistesgifte, die uns in die Ursache-Wirkungs-Schleifen treiben, ins Karma. Als Getriebene unserer Teilpersönlichkeiten verlieren wir den rechten Kurs, unsere Route, und so gerät der Bus auf Abwege, fährt vielleicht in eine falsche Richtung und bleibt auf der Strecke. Wenn man um diese Gefahr weiß, beobachtet man sich selbst aufmerksam und erkennt die Schwachstellen frühzeitig. Bewusst leben heißt auch zu verstehen, welche lähmende Wirkung die Geistesgifte entfalten und dass sie unsere Entwicklung verhindern können. Sobald wir sie erkennen und benennen, verlieren sie an Einfluss. Im Folgenden nehmen wir die drei genauer unter die Lupe.

Unwissenheit

Unwissenheit ist die Basis des Leidens.

Unwissenheit äußert sich, wenn der Geist verblendet ist durch Fantasievorstellungen – im Positiven wie im Negativen. Die Grundeigenschaften von Unwissenheit sind Ignoranz, Arroganz und Besserwisserei. Dazu nachfolgend eine buddhistische Geschichte von einem Elefanten und vier Blinden: Der eine berührt das Bein des Elefanten und sagt: Dieses Wesen hier gleicht einem mächtigen Baumstamm. Ein anderer betastet die Schwanzspitze des Tieres und gelangt zu der Auffassung, bei dem Tier handle es sich um einen lebenden Pinsel. Der dritte Blinde untersucht das

Ohr und kommt zu dem Schluss, dass er es mit einem lebenden Palmblattfächer zu tun habe. Der letzte Blinde, der den Rüssel befühlt, erkennt ohne Zweifel ein Rohr.

Im buddhistischen Kontext bedeutet Unwissenheit, keine Kenntnis von der wahren Natur des Geistes zu haben. Man ist ahnungslos, wie der Geist funktioniert. Man kennt sich nicht aus, wie Gedanken auf den Geist wirken und welche Folgen sie haben in Beziehung mit anderen Menschen. Man kennt sich nicht aus mit den Überzeugungen, die wir über das Leben haben und wie sie unser Leben bestimmen. Das erlebe ich in meinen Coachings Tag für Tag!

Vor Kurzem kam eine elegante, wohlhabende Frau Ende vierzig zu mir ins Coaching. Viele Jahre lang hatte sie zielorientiert eine Firma aufgebaut – mit großem Erfolg, wie an ihrem Status abzulesen war, den sie in einem grauen Porsche chauffierte. Das Thema, das sie nun vor allem beschäftigte, war, einen richtigen Mann für sich zu finden. Nachdem sie mir von einigen ihrer unglücklichen Liebesgeschichten erzählt hatte, wurde im weiteren Gespräch deutlich, dass sie ihrem Geist zahlreiche negative Überzeugungen aufgeladen hatte. Bereits ihre Urgroßmutter, Großmutter und Mutter waren der Überzeugung gewesen, alle Männer wären Schweine, wollten nur das eine, und außerdem könnte man sich nicht auf Männer verlassen, sie würden lügen und betrügen.

Die negativen Überzeugungen, die in der weiblichen Linie der Familie meiner Klientin auf sie übergegangen waren, bildeten sich in ihrem Geist als feinstoffliches Muster ab, das im realen Leben eine Bestätigung für ihre Vorannahmen suchte – und natürlich auch fand, das kennen wir alle: selbsterfüllende Prophezeiung. Würde eine erfolgreiche Geschäftsfrau auf solche Partner setzen? Wohl kaum. Meine Klientin verstand nun, warum sie so viele Enttäuschungen hinter sich hatte.

Buddhistisch über den Tellerrand hinauszusehen bedeutet, dass wir erkennen, mehr zu sein als ein Körper in der Dreidimensionalität. Nämlich auch eine Seele, im Buddhismus wird sie göttliches Bewusstsein genannt und sein Streben gilt der Weisheit, die die Unwissenheit ersetzen soll. Die auf dem Weg gewonnenen Erkenntnisse wirken sich auf das ganze Leben aus – wir verstehen mehr, warum die Dinge und Menschen so sind, wie sie sind, vor allem auch, warum wir selbst so sind. Wir schulen unser Mitgefühl und heilen dadurch Leid, bei uns selbst und bei anderen. Genauso bei einem weiteren der drei Geistesgifte.

Anhaftung

Wir haften an von Anfang an. Bei Kindern ist das sehr deutlich zu sehen. Kaum auf der Welt, wollen sie zuerst einmal an die Mutterbrust. Bald schon greifen sie nach allem Möglichen und möchten es sich einverleiben, sie stecken es in den Mund. Das gelingt mit ihrem Dreirad später nicht mehr, aber nun wollen sie Sachen. Viele Sachen. Noch mehr Sachen. Kaum sehen sie etwas, wollen sie es haben. Später wollen sie vielleicht auch gute Noten und noch später gute Jobs und natürlich Sachen, noch mehr Sachen, Autos, Klamotten, Laptops. Und die Traumfrau, den Traummann und tolle Freunde und Erfolg und noch mehr Sachen und so weiter. Haben ist Haft. Wir verhaften uns selbst, wir verhaften unsere Freiheit, wenn wir an Dingen und Vorstellungen kleben. Denn man braucht sich ja nur vorzustellen, sie wären weg. Was dann? Leiden, Drama, Schmerz!

Bei uns im Westen ist die Anhaftung besonders klebrig, Schmiermittel des Kapitalismus. Kleinere Verluste kann man verschmerzen, doch für viele Menschen ist bereits die Vorstellung, den Kleiderschrank abzuspecken, kaum auszuhalten. Wohin Anhaftung führen kann, sieht man an Menschen, die am Messie-Syndrom erkrankt sind. Das bedeutet sehr viel Leid. Ein schönes, freies, bewegliches Leben ist nicht mehr möglich, man existiert mit

Tunnelblick in einem Tunnelsystem … aus, ja, es ist hart, aber es ist so: Müll. Denn das, was Messies horten, ist ja nicht essenziell. Während wir unsere Sachen natürlich brauchen, all unsere Klamotten und die Küchengeräte, das zwölfteilige Steakbesteck, man könnte ja mal grillen, ach so, wir kennen eigentlich nur Vegetarier, aber es könnte mal jemand kommen, der Fleisch isst, haben wir einen Grill? Vielleicht einen kaufen? …

So schmoren wir im eigenen Saft der Haft. Es geht nicht darum, in eine Mönchshütte zu ziehen. Sondern erst mal um das Bewusstsein, dass nicht wir die Dinge im Griff haben, sondern die Dinge uns. Und nicht nur die Dinge. Wir haften auch an Menschen – »Ohne meine Freundin könnte ich nicht leben.« An Haustieren: »Ich darf gar nicht daran denken, dass …« An Gewohnheiten: »Sonntag der Tatort, das brauch ich.« An Routinen, Suchtstoffen und so weiter und so weiter.

Wäre es nicht interessant, dem Klebstoff mal nachzuschnüffeln, ihm auf die Spur zu kommen? Denn in der Regel merken wir ja nicht, dass wir kleben. Aber wir scheinen es zu brauchen, denn wer klebt, kann schon mal nicht abstürzen ins Nichts. Wo man sich hin und wieder einen Elektroschock verpasst, damit man merkt, dass man lebt. Wir kleben uns für die Sicherheit fest und merken nicht, dass wir uns damit auch vor der Freiheit beschützen, die wir glauben zu haben, wenn wir sagen: »Sonntag reservier ich mir für den Tatort, ich bin so frei.«

Ablehnung

Während westliche Länder mehr zur Anhaftung neigen, zeigt sich im muslimischen Kulturkreis die Ablehnung stärker, sofern man buddhistisch denkt. Konkret: Ablehnung von Sexualität, Bildung, Frauenrechten etc. Historisch gesehen beschäftigte sich der Orient jedoch mehr mit dem Geist, während sich der Westen der Materie zuwandte. Die Gier der Anhaftung ruft: Ja, ja, ja! Die Ablehnung: Nein, nein, nein! Diese beiden Typen existieren unabhängig ihrer

Herkunft – und wir kennen sie alle, auch als Teilpersönlichkeiten, ist es nicht so? Und wie immer gilt auch hier: Empfehlenswert ist der Mittelweg.

Gerade der Ablehnende läuft Gefahr, in der Kontrolle zu verhärten, sein Herz zu verschließen. Er zeigt ungezügelte Aggression, Zorn, Hass, sich wiederholenden Ärger, cholerisches Verhalten. Psychologisch betrachtet ist es die Selbstbehauptung eines nicht reflektierten aggressiven Selbst dem anderen gegenüber. Ablehnung in der subtilen Form zeigt sich in der Verneinung neuer Sichtweisen, anderer Erkenntnisse. Das ganze Leben wird abgelehnt, nichts an sich herangelassen, schon gar nichts Neues. So blockiert der Ablehnende seine Entwicklung – woran wir sehen, wie umfassend die Geistesgifte uns behindern. Auch »Bockigkeit« ist eine Form von Ablehnung, weil hier die Bedürfnisse und Wünsche anderer Menschen abgelehnt werden. Diese in vielerlei Arten praktizierte Abwertung anderer führt in vielen Fällen zu einem emotionalen Drama.

Menschen, die von Teilpersönlichkeiten gesteuert werden, deren Grundhaltung daraus besteht, andere ständig zu belehren und zu bewerten – womöglich auch mit einem Schuss versteckter Aggression – nehmen es in Kauf, vielleicht ist es sogar beabsichtigt, andere zu verletzen. Versteckte Botschaften in der Kommunikation – eigentlich bist du ein Trottel – treffen wie vergiftete Pfeile, zeigen aber bei genauem Hinsehen die prinzipielle Ablehnungsstruktur. Am Ende trifft der vergiftete Pfeil denjenigen, der ihn absendet. Doch das muss man erst einmal erkennen. Ich kann kein Gift versprühen, ohne es selbst einzuatmen. Alles, was ich aussende, kehrt zu mir zurück.

Unwissenheit, Anhaftung und Ablehnung erzeugen nicht nur ein unglückliches Leben, sondern vermutlich mehrere. Im dritten Lebensdrittel sollten wir diese Unwissenheit ablegen. Verrückterweise denken wir bei Entwicklung oft nur an Kinder. Was sie betrifft, ist die Entwicklung detailliert erforscht. Wir wissen, bis wann ein Kind zu krabbeln, zu sprechen hat, was noch im »normalen« Rahmen ist, der Eltern stresst, wann ein Kind teilen sollte und wann die Trotzphase beginnt, wann es anfängt zu begreifen, dass ein Auto nicht von alleine fährt, wann es Triebaufschub leisten kann und so weiter und so weiter. Tausende von Büchern sind geschrieben. In manchen Gemeinden erhalten die Eltern in regelmäßigen Abständen Briefe zu den Entwicklungsschritten ihrer Kinder, staatliche Fürsorge, damit alles gut geht. Doch wie ist es mit dem letzten Lebensdrittel? Hier scheint keine Entwicklung mehr stattzufinden, und die Fürsorge beschränkt sich auf die Angebote zum gemeinsamen Singen oder Basteln, oder es wird ein neues Altenheim gebaut, eine Verwahrstation für die, die nichts mehr zu erwarten haben. Und hin und wieder eine Busreise, auf der Heizdecken verkauft werden, fragt sich nur, wer am Steuer sitzt! Genau diese Frage können Sie sich nun stellen – denn Sie sind ja nicht mehr unwissend, sondern auf dem Weg … so wie wir alle. Der buddhistische Weg kennt viele Pfade zum Glück.

Acht Strategien, um in diesem Leben erworbenes negatives Karma aufzulösen

Im Lauf der Zeit sammeln sich diverse Situationen an, in denen wir uns rückblickend nicht optimal verhalten haben. An manches erinnern wir uns mit Scham oder gar Fassungslosigkeit: Wie konnte ich nur? Je älter wir werden, desto mehr Einsicht gewinnen wir im Idealfall für unser Fehlverhalten. Hätten wir unsere Ex-Partnerin nicht feinfühliger verabschieden, unsere Kinder nicht verständnisvoller erziehen, unsere Mitarbeiter nicht fairer behandeln können? Doch, hätten wir. Aber wir waren jung und dumm, wie ein Sprichwort diese Eigenschaften miteinander verbindet. Manches zeigt scheinbar keine Konsequenzen in unserem momentanen Leben. Doch das ist ein Trugschluss, denn weil wir uns daran erinnern, wirkt es nach. Anderes haben wir vergessen – zum Glück, mögen wir glauben. Doch auch das ist ein Trugschluss. Denn genauso wie das Internet vergisst auch das Karma nichts. Wieder andere Fehlentscheidungen erscheinen uns im Rückblick als Verursacher einer aktuellen Misere: »Hätte ich damals nicht, wäre ich heute …«

Wir haben nun bereits einige Jahrzehnte auf dem Buckel, genug Zeit, um anderen Menschen Leid zugefügt und auch selbst Leid »empfangen« zu haben. Wir haben Chancen nicht genutzt, weil wir zu bequem waren, die Anstrengung scheuten oder uns zu wenig zutrauten. Oder so tief in eine Affäre verstrickt waren, dass wir keine Zeit für etwas anderes hatten – die wilden Jahre, in denen Eros durch den Verkehr steuert, folgen ihren eigenen Trieben. Und jetzt? Blöd gelaufen? Ja, vielleicht. Aber es muss ja nicht blöd weiterlaufen. Im Buddhismus gibt es Waschprogramme, die den Ballast des Lebens säubern. Und es ist immer besser, so viel wie möglich davon in diesem Leben zu erkennen, als später oder in einem neuen Leben mit den Folgen konfrontiert zu werden. Das bedeutet nicht, dass aus einem Sünder ein Heiliger wird, sondern dass wir Bewusstsein schaffen für gutes Karma. Dazu gehört es, sich als ganzen Menschen mit all den unterschiedlichen Teilpersönlichkeiten anzunehmen und das Leben als einen kontinuierlichen Prozess der Transformation zu begreifen. Je mehr ich mich transformiere, desto heiterer und leichter fühle ich mich in meinem Körper, meiner göttlichen Seele, mit allem und allen verbunden. Ich bin nicht allein, sondern Teil eines großen Ganzen, das aus unzähligen Wesen besteht, die sich alle dasselbe wünschen wie ich.

Es spielt keine Rolle, aus welchem Land wir stammen. Als Menschen sind wir in unserem tiefsten Wesen alle gleich. Wir streben nach Glück und wollen das Leiden vermeiden und fügen uns doch gegenseitig Leid zu. Wenn wir ein Bewusstsein dafür entwickeln, können wir unsere Taten tief bereuen und dadurch transformieren. Auch eine prinzipielle Unzufriedenheit kann bereits ein Zeichen für einen tiefen Wunsch nach Veränderung sein. Unzufriedenheit mit einer Situation, einem Zustand zeigt uns, dass wir aus der Balance geraten sind, und gleichzeitig ist es eine Chance, etwas zu heilen. Zumal sich eine Unzufriedenheit im Gemüt nach einer Weile im Körper manifestieren kann – der schlägt Alarm, wir fühlen uns krank, vielleicht erhalten wir eine lebensbedrohende Diagnose, in deren Folge wir unser Leben betrachten und erkennen, dass wir es verändern müssen oder idealerweise wollen, wenn wir es behalten möchten. Es kommt häufig vor, dass Menschen nach einer schweren Krankheit sagen, dass sie dankbar sind, weil diese Zäsur sie auf die richtige Lebensspur gesetzt hat.

Reue zeigen für Fehlverhalten

Wenn man ein Fehlverhalten erkennt, das ja, wir erinnern uns, von einer Teilpersönlichkeit initiiert wurde, dient die Reue dazu, Verantwortung dafür zu übernehmen. Sicher, Reue ist ein starkes Wort, das uns vielleicht sogar mit Unbehagen erfüllt. Das ist beabsichtigt, denn wir müssen die Reue in der Tiefe spüren, sonst bleibt sie halbherzig, schmückt vielleicht das Ego, hat aber darüber hinaus keine Auswirkungen. Genauso, wenn wir zu rechtfertigen versuchen, warum wir dieses und jenes getan haben. In der modernen Psychologie werden Patienten oft »freigesprochen«, sobald sie ihre Schuldgefühle thematisieren: Das ist schon okay. Nein, das ist es nicht. Kein Therapeut kann uns von unserer Schuld freisprechen und sollte es auch nicht versuchen, denn Schuld ist ein wichtiges Gefühl, um Verantwortung zu übernehmen, zu einer vergangenen Tat zu stehen und sich für die Zukunft zu versprechen, so etwas nicht mehr zu tun. Um etwas transformieren zu können, müssen wir es vollständig und tief erleben, sonst bleiben wir an der Oberfläche und färben schön, so ähnlich wie bei der Beichte: Ich erzähle meine Sünden einem Priester, der macht dann alles wieder gut, und zur Buße bete ich zehn Vaterunser, verlasse die Kirche und mache genauso weiter wie zuvor … bis zum nächsten Ablass.

Reue ist auch eine Form des Selbstrespekts. Ich stehe aufrecht und lerne aus meinen Fehlern. Bis zum letzten Atemzug können wir negatives Karma transformieren: »Ich bereue es mit meinem ganzen Bewusstsein, und es ist meine klare Entscheidung, dass ich das in Zukunft nie mehr tun werde.« Um zu bereuen, zu verzeihen und Verzeihung zu gewähren ist es nie zu spät!

REUEGEBET

Das folgende Gebet oder Mantra hilft dabei, den Geist darauf zu konditionieren, die schädlichen Verhaltensweisen, die man erkannt hat, in drei Schritten zu verändern: erkennen, bereuen und eine neue Teilpersönlichkeit aufbauen, die ein anderes als das leidbringende Verhalten bevorzugt. Ich vermute, dass nicht alle Leserinnen und Leser mit dem Buddhismus vertraut sind, deshalb habe ich zwei Alternativen für Christen und Humanisten hinzugefügt. Vorab noch zur Erklärung: Ein Boddhisattva ist ein weiser Lehrer, der die Qualitäten des Buddhas verinnerlicht hat, vergleichbar einem Heiligen wie beispielsweise Franz von Assisi. Im Gegensatz zum Christentum mit einem Gott gibt es viele Buddhas, aber man kann diese beiden Lehren nicht vergleichen, da der Buddhismus keine Religion ist, wenngleich Buddha mancherorts als Gott verehrt wird. Es gibt 108 Buddhas und Bedeutungen, um die verschiedenen Aspekte und Schattierungen darzustellen, die wir benötigen, um den Geist zu erleuchten. Jede Weisheitslehre ist allerdings auch in verschiedene Strömungen unterteilt. So unterscheidet sich der thailändische Buddhismus vom tibetischen. Während seiner Verbreitung von Indien nach Sri Lanka, Thailand, Burma, Tibet, China, Korea und Japan hat sich der Buddhismus

naturgemäß verändert und wird sich weiterhin verändern. Wer schon durch Thailand gereist ist, hat dort viele, teils riesige goldene Buddhas gesehen.
Das, was wir im Christentum Gebet nennen, heißt im Buddhismus Mantra, und es wird rezitiert, so wie Katholiken den Rosenkranz wiederholen. Das folgende Reuegebet sprechen Sie am besten so oft, wie Sie fühlen, dass es nötig ist:

»Im Angesicht aller Buddhas und Boddhisattvas (Gottes und seines Sohnes Jesus) bekenne ich: Ich habe durch die Macht der drei Geistesgifte seit anfangsloser Zeit durch meinen Körper, meine Rede und meinen Geist für mich selbst und andere Eindrücke geschaffen, die negative und leidvolle Auswirkungen haben. Ich erkenne und bekenne diese unheilvollen und negativen Handlungen. Ich werde es nicht wieder tun. Möge ich nicht deren Folgen erfahren.«

Als Nächstes wenden wir uns an Karma-Freunde, Menschen, mit denen wir negative Ursache- und Wirkungs-Schleifen erzeugt haben.
Karma-Gefährten: Unsere Liebesbeziehungen, die schiefgelaufen sind.
Karma-Erzeuger: Die unsere negativen Geisteskräfte angefeuert haben.
Die folgenden guten Wünsche stammen aus dem Kanon Dhammapada, eine Anthologie von Aussprüchen des Siddhartha Gautama, aus Pali, der Sprache, in der die buddhistischen Schriften verfasst wurden.

»An alle meine Karma-Freunde, Karma-Gefährten und Karma-Erzeuger: Möget ihr in eurem Herzen wohnen, möget ihr sicher und geborgen sein. Möget ihr Heilung und Frieden finden. Möget ihr glücklich sein.«

Indem wir diese guten Wünsche aus vollem Herzen abschicken, übertragen wir Liebe, Sicherheit, Geborgenheit, Frieden auf die Person, die gemeint ist. Alles, was vorher in einem selbst waberte an Negativem, verändert sich. Selbst starke Gefühle wie Ärger, Wut, Rache, Eifersucht verändern sich durch dieses tiefenreinigende Reuegebet.
Sprechen Sie das Reuegebet wann immer Sie das Bedürfnis danach empfinden – vielleicht auch bei den folgenden Textpassagen. So konditionieren Sie sich darauf, die Taten, Worte, Gedanken, die Sie bereuen, in Zukunft nicht mehr zu tun, zu sagen, zu denken. Es liegt an Ihnen, allein an Ihnen. Machen Sie sich bewusst, dass Sie diese Entscheidung treffen und auch, dass Sie wachsam sein müssen, da die Kräfte der Ablehnung und Anhaftung stark sind und die Unwissenheit groß ist. Mit dem Reuegebet setzen Sie ein Samenkorn – und es wird Früchte tragen!

Verstrickungen auflösen

Nicht selten stellt ein Mensch fest, dass er sozusagen im falschen Leben steckt. Dies geschieht meistens, wenn Kinder die unausgesprochenen Wünsche ihrer Eltern erfüllen. Der Vater träumte vom Fliegen, der Sohn macht den Pilotenschein, anstatt seinem grünen Daumen zu folgen und Gärtner zu werden. In der Tochter steckt eine Künstlerinnenpersönlichkeit, doch die Mutter wünscht sich eine große Familie mit vielen Enkeln, und so hält die Tochter Ausschau nach einem Mann, der die Rahmenbedingungen bietet. Wer – aus Liebe, Kinder würden sich aus Liebe in Stücke reißen – im falschen Leben steckt, lebt wie mit angezogener Handbremse. Solche Menschen werden nie wirklich froh; irgendwie scheint nichts zu passen, aber man begreift nicht, warum. Vielleicht hat man einfach eine melancholische Ader, einen Hang zum Depressiven? Denn von außen betrachtet ist doch alles gut. Ja, das mag sein, dass von außen alles gut ist, aber innen nicht. Und darauf kommt es an.

Die Lösung, die der Buddhismus anbietet, besteht im Aufbau einer Buddha-Natur. Im Kontext westlicher Psychologie benennt man ihn als den Weisen. Wenn dieser Weisheitsteil stark ist, löst sich die Verstrickung automatisch auf, das konnte ich bei unzähligen Menschen erleben, sogar bei sehr schweren Verstrickungen. Das Geheimnis liegt darin, dass die Arbeit mit der Buddha-Natur tief in den Erleuchtungsfeldern stattfindet. Stellen Sie sich vor, jemand lebt immer im Keller, ist es gewohnt, dort zu hausen, auch seine schlechte Laune ist für ihn normal, das gedeckelte Lebensgefühl, die angezogene Handbremse. Eines Tages nimmt ihn jemand mit an die Sonne oder er findet eine verborgene Tür. Und auf einmal ist das Kellergefühl wie weggeblasen. Er kann sich kaum mehr an die Handbremse erinnern, wie er jetzt im gleißenden Sonnenlicht steht, das Gesicht nach oben gereckt, und sich einfach herrlich fühlt. So hell und leicht und frei und weit und … wunderbar!

Schulden ausgleichen

Je bewusster wir werden, desto mutiger erkennen wir, dass wir Schulden angehäuft haben. Es gibt nicht nur finanzielle, sondern auch emotionale Schulden, und womöglich fällt Ihnen beim Lesen sofort etwas ein. Andere Schuldscheine haben wir so gut versteckt, dass wir glauben, wir hätten sie vergessen. Doch sie sind noch immer da, weil nichts verloren geht, und belasten und verdunkeln unseren Geist. Deshalb ist es so wichtig, sich auf die Suche nach diesen dunklen Flecken zu machen, nach der Schwere in unseren Gedanken, den unguten Gefühlen, den Missklängen – dem bitteren Geschmack in unserer Vergangenheit, damit wir all das transformieren und abschließen können.

2006 habe ich an einem Retreat beim Dalai Lama teilgenommen und danach einen Brief an einen ehemaligen Geschäftspartner geschrieben, der mich einige Zeit davor extrem genervt hatte, was ich ihm mit einer psychoanalytischen Totalzerlegung heimzahlte. Nach meinem Brief an ihn spielte es keine Rolle, ob er sich melden würde, denn ich bereute meine Tat wahrhaftig und zutiefst. Doch der ehemalige Geschäftspartner meldete sich, wir trafen uns und gingen – für mich ein zweites Mal – im Guten auseinander, was, ich betone es noch einmal, nicht nötig gewesen wäre. Oft ist es auch nicht möglich, weil Beteiligte verstorben sind oder eben keinen Kontakt möchten.

In einem anderen Fall sah meine Vorstellung im Reuegebet so aus, dass ich einer ehemaligen Freundin von Herzen eine Badewanne voller Geld wünschte, einen Geldspeicher wie ihn Dagobert Duck besitzt. Auch bei ihr hatte ich emotionale Schulden, und so wünschte ich ihr, was für sie attraktiv war: Dukaten ohne Ende. Im Lauf meines Lebens habe ich einige Schulden bezahlt – und anderen hohe Ämter, Maseratis, schöne Frauen und sportliche Erfolge gewünscht. Sie dann glücklich vor meinem inneren Auge zu sehen und auch zu spüren, strahlte auf mich selbst ab. Und wenn ich dem einen oder der anderen später, manchmal durch Zufall, begegnete, war unser Verhalten, auch wenn ich ihnen keinen Brief geschrieben hatte, neutral. Alles ist miteinander verbunden, alles hat Auswirkungen, auch ein Gedanke, ein Gefühl, ein Reuegebet.

Die Transformation geschieht immer im Inneren – indem wir erkennen, bekennen, bereuen und uns bewusst entscheiden, so etwas nie wieder zu tun. Wir bauen ein zukünftiges Selbst neu auf, das sich anders verhält als das alte. Auch in fortgeschrittenem Alter können wir nigelnagelneu werden!

Anderen verzeihen

Für unsere Befreiung aus alten Verstrickungen und Mustern ist es enorm wichtig, Menschen zu verzeihen, die uns Leid zugefügt haben. Sonst landen wir immer wieder in der Ohnmacht selbst inszenierter Dramen. Tagein, tagaus führen wir das gleiche Stück auf, meistens das Drama-Dreieck aus Opfer-Retter-Verfolger. Auch wenn die Statisten und Schauplätze sich verändern – im Grunde genommen spielen wir immer die gleiche Geschichte, und das kann irgendwann Auswirkungen auf unseren Körper haben. Einmal abgesehen von Erkrankungen altert auch schneller, wer ständig dieselben Bahnen zieht. Nicht Verzeihen heißt in der Erstarrung bleiben. Doch wie kommen wir da wieder heraus?

Mitgefühl heißt das Zauberwort, ja es ist ein Zauber, denn wenn man es in seiner ganzen Tiefe erkennt, ist es die Essenz unseres Miteinanders. Immer wieder denke ich an die Geschichte des Mönches Lopon-la, die der Dalai Lama gern erzählt, wenn er über Versöhnung spricht. Lopon-la verbrachte achtzehn Jahre im Gefängnis. Nach seiner Befreiung traf der Dalai Lama ihn in Indien.

Zwanzig Jahre hatten sich die beiden nicht gesehen. Lopon-la erschien dem Dalai Lama trotz der schweren Jahre unter Folter nicht verändert. Natürlich sah er älter aus, aber er hatte es geschafft, körperlich gesund zu bleiben. Sein Verstand war nach so vielen Jahren im Gefängnis noch immer scharf. Lopon-la war derselbe freundliche Mönch geblieben, obwohl die Chinesen ihn gezwungen hatten, seinen Glauben zu verleugnen.

Ob Lopon-la Angst gehabt habe, fragte der Dalai Lama.

Lopon-la erwiderte »Ja. Vor einer Sache hatte ich Angst. Ich hatte Angst, mein Mitgefühl für die Chinesen zu verlieren.«

Im Mitgefühl bleiben bedeutet in der buddhistischen Lehre die Erkenntnis, dass wir alle Menschen sind. Wahres Mitgefühl entspringt der Überzeugung, dass die anderen genauso wenig leiden wollen wie wir selbst und genauso nach Glück streben wie wir. Wahres Mitgefühl ist sozusagen unparteiisch und erzeugt ein Gefühl der Verantwortung für das Wohlergehen und das Glück der anderen. Mitgefühl können wir auch in unserem Körper spüren, der sich dann weich und gut anfühlt im Gegensatz zur Verhärtung. Unser Körper zeigt uns immer den Weg der Liebe. Jeder, der uns etwas zufügt ist ein Mensch wie wir. Als Menschen können wir uns auf der Seelenebene miteinander verbinden – und uns verzeihen. Was nicht bedeutet, dass wir ein Verhalten billigen. Doch wir können verzeihen in dem Wissen, dass jeder von uns Schattenseiten hat und Taten begeht, die anderen Leid zufügen. Wie anders sähe die Welt aus, wenn wir das beherzigen könnten, was für eine unendliche Erleichterung, Befreiung und Frieden. Indem wir die handelnde Person von der menschlichen Seele, die in ihr steckt, trennen, verbinden wir uns miteinander. Verzeihen von Ego zu Ego klappt nicht. Unvergessen ist mir ein Retreat in Washington, bei dem der Dalai Lama auf seine unvergleichlich humorvolle Art über den damaligen amerikanischen Präsidenten George Bush junior sprach. »He is a very, very kind and nice person«, sagte er. Pause. »But his politics«, mit einem gequälten Gesichtsausdruck schüttelte er den Kopf.

Um Verzeihung bitten

Jeder von uns hat auch anderen Unrecht getan, so ist das Leben nun mal. Um andere wirksam um Verzeihung zu bitten, brauchen wir zuerst einmal die Einsicht zu erkennen, dass wir ihnen Leid zugefügt haben. Aus dem Schmerz heraus können wir unser tiefes Bedauern ausdrücken, dass wir das getan haben. Diesen Schmerz wird unser Gegenüber wahrnehmen, und es wird ihm leichter fallen, uns zu vergeben. Dabei ist es nicht notwendig, dass uns vergeben wird. Es kommt darauf an, dass wir selbst erkennen, wo wir Leid zugefügt haben, und um Verzeihung bitten. Dieses sich vor einem anderen Beugen, einzugestehen, dass man einen Fehler gemacht hat, geht ans Eingemachte, man muss über sein Ego hinauswachsen. Manchen Menschen fällt das so schwer, dass sie es kaum schaffen oder es sich leichter machen möchten mit Rechtfertigungen à la: Du hast da schon auch dein Scherflein dazu beigetragen.

Denn sonst haben sie das Gefühl, sie würden sich unter die anderen stellen. Aber Vergebung ist kein Machtkampf, es gibt kein unten und oben, sondern zwei Menschen auf einer Ebene, die sich von Seele zu Seele begegnen und erkennen: Wir sind gleich. Es ist eine Haltung innerer Demut, in der sich Karma auflösen kann.

Fehler als Lernschritte anerkennen

Was aber, wenn man plötzlich nur noch Leid sieht, das man anderen zugefügt hat? Im fortgeschrittenen Alter hatte man einige Jährchen Gelegenheit dazu. Hier besteht die Gefahr, dass man selbst in eine Schuldschleife gerät und in negativen Gefühlen hängenbleibt. So verstellt man sich den Blick auf die Erkenntnisse, die durch die Einsicht gewonnen werden können, und nutzt sie nicht, um aus Fehlern in der Vergangenheit zu lernen, was aber der Sinn des Ganzen ist. Die folgenden fünf Schritte unterstützen dabei, einen guten Umgang mit alten Fehlern zu finden und aus ihnen zu lernen:

1. Den Fehler akzeptieren.
2. Einhundert Prozent Verantwortung dafür übernehmen.
3. Den Prozess, den ich bei dem Fehler gemacht habe, in einzelne Teile zerlegen, um ihn besser zu verstehen.
4. Die Entscheidung treffen: Ich werde es nie wieder tun.
5. Die positiven Erkenntnisse und das neue Verhalten in die Zukunft übertragen.

So kreieren wir uns ein zukünftiges Selbst, das sich anders verhalten wird. Leider wird dieser Schritt oft vergessen. Idealerweise dreht man sich nach der Erkenntnis einen kleinen Film fürs Kopfkino, wie man beim nächsten Mal in einer ähnlichen Situation anders reagieren wird. So programmiert man neues Verhalten, denn wir wollen kontinuierlich wachsen!

Gemachte Versprechen, die wir nicht halten konnten, auflösen

Manchmal versprechen wir etwas und können es nicht halten. So etwas kann einen schwer belasten, vor allem wenn es große Versprechen sind. Die Ehe, die Fürsorge um einen Menschen, aber auch sich selbst gegenüber, dass man beispielsweise die Finger von Zigaretten lässt, sich gesünder ernährt. Versprechungen, die nicht eingehalten werden, schwächen den Geist und folgen uns lebenslänglich und darüber hinaus.

Mein Vater hat mir als Kind viel versprochen und nicht eingehalten. Oft kam etwas dazwischen, und dann haben wir den Ausflug in den Zoo eben doch nicht gemacht, sondern er bändigte sein Orchester. Gegen Ende seines Lebens sagte er mir einmal, dass er sich deswegen schuldig fühle. Er habe viele Bilder im Kopf, wie ich auf ihn gewartet hätte und er mir dann mitteilen musste, dass wir unseren Ausflug verschieben müssten. Er sagte mir, wie leid ihm das tue und dass ihn das sehr belaste. Es war gut, darüber zu sprechen – und damit war es für mich aufgelöst.

Auch kleine Versprechungen, besonders Kindern gegenüber, können, wenn sie nicht eingelöst werden, große Enttäuschungen nach sich ziehen. Halten Sie Ihre Versprechungen, und wenn etwas nicht klappt, vergessen Sie es nicht einfach, sondern lösen Sie sie auf, wenn Sie sie schon nicht einlösen konnten. Nicht eingehaltene Versprechungen sind übrigens auch ein Grund dafür, warum manche Trennungen von Menschen so schwerfallen – wenn noch so viele Versprechungen unerfüllt sind, wirken sie wie Ketten, die einen aneinanderfesseln. In Familienverstrickungen können Versprechungen eine Hauptrolle spielen: Versprich mir, dass du immer auf deinen kleinen Bruder aufpassen wirst, wurde die große Schwester genötigt. Heute ist sie sechzig und pleite, weil sie alles dem kleinen alkoholkranken Bruder gegeben hat, auch ihr Leben. Sie hatte es der Mutter am Sterbebett versprochen. Erst in einer therapeutischen Sitzung konnte sie dieses Versprechen auflösen. Ein bisschen spät, meinen Sie? Ich meine: Es ist nie zu spät!

Sich von nicht gelebten Träumen verabschieden

Wer kennt das nicht: Eines Tages mache ich das noch … Egal, was es ist. Auf den Mount Everest steigen oder mir ein Pferd kaufen, Tauchen lernen oder aufs Land ziehen, was auch immer es ist. Doch irgendwann wird die Zeit knapp und man droht, als Versager dazustehen. Das ist kein gutes Gefühl – und es blockiert das Wachstum, zumal dabei oft gar nicht überprüft wird, ob der Traum noch immer so attraktiv ist wie vor vielen Jahren, Jahrzehnten, als wir ihn in unsere Seele pflanzten. Die Zeiten ändern sich, wir ändern uns. Auf einmal stellen wir fest, dass wir den einen oder anderen Traum nicht mehr werden umsetzen können – ob wir nun körperlich zu schwach dafür sind oder uns die finanziellen Mittel fehlen. Es ist wichtig, sich bewusst von Lebensträumen zu verabschieden, weil sie sonst wie eine Handbremse wirken.

Auf Nimmerwiedersehen

Wir haben nun einige Hemmnisse gefunden, die uns am Aufbau einer Weisheitspersönlichkeit hindern können. So werden wir immer leichter und freier und kreativer. Doch manche Altlasten sind hartnäckig und brauchen mehrere Abschiede, wie Gäste, die den Weg nach Hause nicht finden. Abschließend möchte ich ein sehr schönes Vergebungsritual der Navajo Indianer beschreiben, die die Notwendigkeit erkannten, dass die eigenen Wunden von einer Gruppe zur Kenntnis genommen werden müssen, wie ich es in einem Buch von Carolyn Myss gelesen habe:

Wenn ein Mitglied des Stammes eine Trauer, einen Schmerz mit sich trug und darüber sprechen wollte, wurde ein Treffen einberufen. Dann konnte der Leidende im Kreis der anderen sein Anliegen erzählen, und zwar dreimal hintereinander. Dreimal hörten seine Stammesangehörigen ihm voller Mitgefühl zu. Beim vierten Mal jedoch drehten sie dem Erzähler den Rücken zu und signalisierten damit: Es reicht! Wir haben uns deine Geschichte dreimal angehört. Wir haben sie aufgenommen. Nun ist es genug. Wir werden sie nicht noch einmal anhören. Also lass los.

Dies ist ein wirksames Ritual zur Unterstützung der Bewältigung vergangener Schmerzen, da immer die Gefahr besteht, in endlosen Wiederholungsschleifen stets dasselbe zu erzählen. Es kann auch in all jenen Fällen hilfreich sein, in denen die in diesem Kapitel beschriebenen Strategien noch nicht angewendet wurden, manchmal muss die Zeit erst reifen.

Zweiter Teil:
Aufbruch

Reisezeit:

Das neue Leben im dritten Drittel

Jetzt geht es darum, das zukünftige Selbst beim Älterwerden aufzubauen, damit der Geist von den alten Bildern ablässt. Wir können ja nicht nur Altes loslassen, wir brauchen auch neue, attraktive Zielbilder, sonst rutschen wir immer wieder in die ollen Kamellen zurück, und es ist manchmal schwer genug, denen zu widerstehen. Wenn ältere Leute sich begegnen, es fängt so um die fünfzig an, haben sie auf einmal ein neues Lieblingsthema. Die Gesundheit, die aber jetzt Krankheit heißt, und manche scheinen sich gegenseitig übertreffen zu wollen. Wer sich diesem Dunstkreis häufig aussetzt, läuft Gefahr, sich mit ollen Kamellen zu vergiften – und dann wird es sehr schwer, neue, attraktive, motivierende Zielbilder zu installieren. Doch da wollen wir hin, das ist die Kür. Die Pflicht liegt nun hinter uns, wir haben genug geleistet und gedient und gebuckelt und gemacht, was wir glaubten, dass andere von uns erwarten. Jetzt sind wir dran! Worum es geht, hat die spanische Mystikerin und Begründerin des religiösen Ordens der Unbeschuhten Karmeliter sowie einflussreiche Kirchenlehrerin, Theresa von Ávila, wunderbar zusammengefasst, als sie vor rund einem halben Jahrtausend betete:

»O Herr, du weißt es besser als ich, dass ich von Tag zu Tag älter werde – und eines Tages alt. Bewahre mich vor der Einbildung, bei jeder Gelegenheit etwas sagen zu müssen.

Erlöse mich von der großen Leidenschaft, die Angelegenheiten anderer regeln zu wollen. Lehre mich, nachdenklich, aber nicht grüblerisch und hilfreich, aber nicht aufdrängend zu sein. Bei meiner ungeheuren Ansammlung von Weisheit erscheint es mir jammerschade, sie nicht weiterzugeben – aber Du verstehst, o Herr, dass ich mir ein paar Freunde erhalten möchte. Bewahre mich vor der Aufzählung endloser Einzelheiten und verleihe mir Schwingen, zur Pointe zu kommen. Lehre mich schweigen über meine Krankheiten und Beschwerden. Sie nehmen zu – und die Lust, sie zu beschreiben, wächst von Jahr zu Jahr. Ich wage nicht, die Gabe zu erflehen, mir die Krankheitsschilderungen anderer mit Freude anzuhören, aber lehre mich, sie geduldig zu ertragen. Lehre mich die wunderbare Weisheit, dass ich irren kann. Erhalte mich so liebenswert wie möglich. Ich möchte kein Heiliger sein – mit ihnen lebt es sich so schwer – aber ein alter Griesgram ist das Krönungswerk des Teufels. Lehre mich, in anderen Menschen unerwartete Talente zu entdecken. Und verleihe mir, o Herr, die schöne Gabe, sie auch lobend zu erwähnen.«

Strategien für das Erreichen von attraktiven Zielbildern

So wie in diesem Gebet stelle ich mir mein Zielbild ungefähr auch vor. Und ich habe sogar eine Idee, wie ich es verwirklichen kann. Sind Sie dabei? Dann schauen wir uns die Strategien an, mit deren Hilfe wir es erreichen. Dazu gehört

Zeitmanagement

Je älter man wird, desto kürzer scheinen die Tage zu sein, ja manche müssen ein Loch haben, anders ist es nicht zu erklären, dass man immer weniger schafft. Tatsache ist, dass uns allen immer mehr aufgeladen wird, und außerdem füttern wir seit einigen Jahren die sozialen Netzwerke, die sich von unserer Zeit ernähren.

Hinzu kommt, dass unsere Akkus mit zunehmendem Alter an Leistung einbüßen. Zum Glück haben wir die nötige Reife, uns konzentriert auf das neue Ziel zu fokussieren. Wir sind ja nicht mehr zwanzig und leicht ablenkbar. Wir sind da. Und wie. Alles, was wir tun müssen, ist es, unsere geballte Energie auf das Ziel unseres neuen Selbst zu richten. So beginnen wir den Tag, so beenden wir ihn. Das ist jetzt unser Projekt, so wie es früher vielleicht darum ging, Mitarbeiter zu führen oder ein Produkt am Markt zu etablierten. Jetzt sind wir selbst unser Projekt. Wenn wir das wirklich ernst nehmen, geschieht etwas Wunderbares. Unsere Energie vermehrt sich. Ich sehe das bei meinen Teachings – wenn ich frage: Wer von euch ist am Ball geblieben?

Die »Fleißigen« bräuchten sich gar nicht zu melden, ich erkenne sie auch so: Sie strahlen.

Gewiss, aller Anfang ist schwer, doch schnell werden Sie merken, dass es sich lohnt, den Geistesgiften und Gewohnheiten den Rücken zu kehren. Auch wenn gutes neues Leben für Sie kein Lockmittel sein mag, so ist es vielleicht die Aussicht, einem tristen öden letzten Lebensdrittel zu entfliehen. Ich kann Ihnen versichern, dass die Menschen, die sich auf den Weg machen, zu Magneten für andere werden. Sie leuchten aus der Menge heraus, ihre Lebensfreude und Energie steckt an, eine anziehende Leichtigkeit umgibt sie, man ist gern in ihrer Gegenwart. Man spürt, irgendwas machen sie richtig. Manchmal ist es nur ein Wort. So können sie entweder das Gefühl haben, sie müssten *entsagen,* oder aber das Gefühl, sie *befreien* sich.

Sagen Sie Nein zu lieben Gewohnheiten, von denen sie wissen, dass sie Ihnen nicht guttun, oder Ja zu einer Freiheit, die Sie in das Abenteuer Leben führt? Wie lange sind Sie nun schon in diesem Körper auf der Erde – wäre es nicht mal Zeit, was anderes auszuprobieren? Das Alte kennen Sie ja wirklich schon zur Genüge. Jetzt ist Zeit für Neues!

Konkret sieht Entsagen so aus, dass Sie absagen. Zum Beispiel Treffen mit Bekannten, zu denen Sie ohnehin nur widerwillig gegangen sind, weil man sich da immer so schnieke anziehen muss. Oder eine dieser Pflichtveranstaltungen, zu denen vielleicht niemand gerne geht, aber alle tun so, als ob sie sich wahninnig freuen würden, da zu sein. Dabeisein ist alles? Schwänzen ist schöner! Stellen Sie Ihre Gewohnheiten auf den Prüfstand. Kurioserweise werden Sie merken, dass viele Entsagungen Sie erleichtern werden. Bin ich froh, dass ich das nicht mehr mitmachen muss! So schaffen Sie Platz für das Neue, für sich selbst.

Lernen!

Ja, es sind nur vierundzwanzig Stunden pro Tag und die Nachtruhe ist heilig. Dennoch bleibt noch genug Zeit, sie sinnvoll zu nutzen. Schreiben Sie sich ein in der Schule des Lebens. Lernen Sie lernen! Ist am Anfang ein bisschen mühsam, doch bald schon werden Sie Ihren Appetit spüren und der ausgewachsene Wissensdurst hat garantiert keine Kalorien, ganz im Gegenteil, verbraucht viele! Womit können Sie sich motivieren? Lesen, Vorträge besuchen, Diskussionen mit Freunden, anstatt die üblichen Themen zu beackern – Wetter, Fußball, Zipperlein.

»Die Reifung unseres Gehirns ist zwar mit der Pubertät abgeschlossen, aber Lernen ist eine der Grundfunktionen des menschlichen Gehirns, die bis zum Tod erhalten bleibt.« Der Neurowissenschaftler Manfred Spitzer bestärkt uns wie viele seiner Kollegen, dass unser Gehirn nichts lieber macht, als zu lernen. Es ist ein kontinuierliches Verknüpfen der rund hundert Milliarden Nervenzellen in unserem Gehirn mit endlosen Möglichkeiten. Das hört nie auf. Wer jedoch sein Leben reduziert hat auf Sonntagabend-Tatort und unaufhörlichen Gleichtrott im Alltag, limitiert die neuronalen Verknüpfungen im Gehirn derart, dass es tatsächlich langweilig wird.

Da Sie dieses Buch lesen, sind Sie interessiert daran, Ihre neuronalen Verknüpfungen zu erweitern. Das Leben aus unterschiedlichsten Sichtweisen zu betrachten, kann zu einem täglichen Feuerwerk in neuen Gedankensprüngen im Gehirn führen. Lesen, lernen, sich immer tiefer zu verstehen, lernen zu reflektieren und Dinge aus unterschiedlichen Perspektiven zu betrachten. Freuen Sie sich an Ihren Fortschritten und spüren Sie die Menschen, die Ihnen begegnen, aus Ihrem Herzen heraus.

Gelassenheit

Einerseits steht Gelassenheit hoch im Kurs, andererseits wird sie gefürchtet – denn verrät man damit nicht sein Alter und dass einen nichts mehr hinterm Ofen hervorlockt? Nein, das wäre Wurstigkeit. Man kann sehr aktiv und dabei gleichgültig sein. Die Gelassenheit, die ich meine, ist Weisheit. Diese Art der Gelassenheit ist voller süßer Intensität. Je mehr wir sie kultivieren, desto erstrebenswerter wird sie im Vergleich zu der Intensität des Dramas im Leben da draußen. Durch das Loslassen der eigenen Ansprüche und Erwartungen gewinnen wir Gelassenheit und in der Folge Freiheit, vor allem innere Freiheit, und das ist eine Voraussetzung für das Glück, das ja von nichts abhängt, sonst könnte es uns verlassen, wenn die Dinge, an denen wir kleben, verschwinden. Doch so bleiben sie. Für immer und darüber hinaus und sind gleichzeitig im Fluss und überall und nirgends.

Die vier edlen Wahrheiten

Es gibt Leiden.
Es gibt eine Ursache des Leidens.
Es gibt ein Ende des Leidens.
Es gibt den Pfad zur Beendigung des Leidens.

Leben ist kompliziert! Aber Lösungen müssen es nicht sein, und oft erscheinen uns Lösungen viel zu einfach für unsere komplexen

Probleme, unseren Kummer und Schmerz an der Welt. Die andere Sache ist, dass man oft ein Leben, was heißt hier eines, viele braucht, bis eine Ahnung von der Tiefe manches weisen Spruches aufsteigt. Die vier edlen Wahrheiten von Buddha sind für mich wie ein Licht im Dunkel. Sie führen in die Freiheit.

Was soll daran weise sein, mögen Sie fragen, denn das weiß doch jeder: »Das Leben ist kein Honigschlecken.« … Aber jetzt mal Hand aufs Herz. Wissen wir das wirklich? Gibt es nicht tief in uns eine Stimme, die beansprucht: »Es steht mir zu, kein Leid zu erfahren? Warum immer ich? Warum haben nur die anderen Glück? Warum ist die Welt so schlecht? Warum kann es nicht mal schön sein? Und immer, wenn ich einen Ausflug machen will, regnet es.«

Indem wir uns beschweren, etwas beklagen und so weiter, negieren wir die Tatsache, dass es Leid gibt. Wir bäumen uns gegen das Leid auf und dadurch leiden wir. Denn all dieses Beschweren und Beklagen und Aufregen – die Welt ist so ungerecht! – führt uns in ein Geistesgefängnis der Vergeblichkeit.

Deshalb ist das Annehmen der Tatsache, dass das Leben Leiden mit sich bringt, sehr befreiend. Ist eben so! Ja, ist eben so – und es ist eine Lebensaufgabe, dies zu verinnerlichen, ohne phlegmatisch, fatalistisch und depressiv zu werden nach dem Motto: »Wenn es Leid gibt, kann ich auch nichts daran ändern.« Sich es vielleicht sogar gemütlich einzurichten in einer Haltung der Ohnmacht. Und dann Zuflucht zum Weingeist zu nehmen.

Aus buddhistischer Sicht differenzieren wir zwischen dem unumgänglichen Schmerz und vermeidbaren Leiden.

Das Leben bringt für jeden Menschen auch Schmerz mit sich wie die anstrengende Geburt, diverse Krankheiten oder körperliche Leiden. Gegen Ende des Lebens schließlich auch den schmerzlichen Zerfall des Körpers. Davor schon, wenn wir allmählich älter werden, das Verwelken. Das kann ganz schön wehtun, vor allem in einer Welt, in der nur Jugend zu zählen scheint. »Warum ich?« ist in diesem Kontext eine, Verzeihung, unintelligente Frage. Ist es nicht Zeitverschwendung, die Biologie unserer Existenz infrage zu stellen? Alle werden älter. Alle kriegen Falten, also wenn sie in der Gnade des Älterwerdens stehen. Alle Angestellten werden irgendwann in Rente geschickt. Sich zu schämen, weil man nicht mehr in der jahrzehntelang genossenen Power-Position im Business glänzt, zeigt tatsächlich, dass man seinen Stuhl räumen sollte. Wer nicht mit der Zeit geht, geht mit der Zeit. Wer sich gegen das Leiden stemmt, anstatt die Vergänglichkeit zu akzeptierten, wer immer wieder mit dem Kopf voran gegen eine Mauer läuft, wird nicht schöner und jünger und klüger.

Als erste Hilfe kann hier das sogenannte Gelassenheitsgebet dienen. Es wird laut Wikipedia dem Theologen Reinhold Niebuhr zugeschrieben.

Gott, gib mir die Gelassenheit, Dinge hinzunehmen,
die ich nicht ändern kann,
den Mut, Dinge zu ändern, die ich ändern kann,
und die Weisheit, das eine vom anderen zu unterscheiden.

Ist es nicht so, dass wir jeden Tag unzählige Male über Dinge in Rage geraten, die wir nicht ändern können? Wie viel Sinnvolles können wir stattdessen mit dieser Energie tun!

Als Seminarleiter und Coach fasziniert es mich immer wieder, welche Dimension sich öffnet, wenn wir unser Bewusstsein auf das vermeidbare Leiden lenken – ein enormes Potenzial zum Glücklichsein. Wie wir auf etwas reagieren, das uns geschieht, ist nämlich noch wichtiger und hat größere Konsequenzen als das, was uns geschieht. Wenn wir das erkennen, haben wir den Schlüssel zu einem glücklichen Leben in der Hand. Angenommen, zwei Menschen stößt das gleiche Unglück zu. Während der eine mit seinem Schicksal hadert, nimmt der andere es an und macht das Beste daraus, und nicht selten sagt er eines Tages: »Im Grunde bin ich dankbar. Wäre mir das damals nicht passiert, hätte ich mein Leben nie so verändert, wäre nie so in die Spur gekommen und niemals so glücklich geworden, wie ich es heute bin.« Der andere sagt: »Wenn mir das damals nicht passiert wäre, wäre mein Leben nicht so traurig verlaufen, alles wäre anders gewesen, und es würde mir heute viel besser gehen.«

Was also ist bedeutsamer: Das, was real passiert ist, oder das, was wir draus machen?

Oft spielen Scham und Schuld eine Rolle, die manchmal schwerer zu ertragen sind als das Geschehene. So bleiben wir ebenfalls im Leid stecken, wenn auch nicht im eigentlichen, sondern in einer Auswirkung, für die wir jedoch wiederum selbst verantwortlich sind – das ist keine Erschwernis, sondern eine Erleichterung! –, die wir selbst verändern können, indem wir den aktuellen Buslenker um seinen Führerschein bitten. Ach, der ist abgelaufen, na dann ist diese Irrfahrt ja kein Wunder.

Warum ist es so wichtig zu erkennen, dass es Leid gibt? Weil wir nur durch tiefes Erkennen die Illusion des Widerstandes entlarven können. Wenn wir nicht akzeptieren, dass es Leid gibt, drehen wir die immer gleichen Kreise in Ideen, Vorstellungen, Traumbildern. Fühlen uns vielleicht groß und stark und gerecht, weil wir uns auflehnen … und sind doch in eine Falle getappt. Es gibt Leid, auch wenn wir es gern anders hätten. Es gibt Leid und Punkt. Dies zu erkennen, mündet in Verstehen, dies wiederum führt zu einem Verinnerlichen und Verwirklichen. Und dann sind wir immun gegen den großen Schmerz der Veränderungen.

Nichts bleibt, wie es ist. Alles, was entsteht, vergeht auch wieder. Genau wie die Jahreszeiten oder ein schöner Blumenstrauß. Die Formen lösen sich auf, was bleibt, ist die Energie oder der Geist, deshalb lohnt es sich, sich darauf zu konzentrieren und nicht auf die Materie. Innere Wandlung beginnt. Wir entspannen uns und werden zufriedener. Wir akzeptieren die Gesetzmäßigkeiten des Lebens. Es ist, wie es ist.

Es gibt eine Ursache des Leidens.
Im Buddhismus liegen die Ursachen des Leidens in den drei Geistesgiften – Unwissenheit, Anhaftung, Ablehnung –, die ich zuvor beschrieben habe. Unwissenheit über die Natur des Geistes ist das schlimmste Geistesgift, denn sie bedeutet, dass wir nicht erkennen, dass in uns der Funke des Göttlichen lebt, sondern glauben, wir seien bloß Körper mit unseren Gedanken und Gefühlen, die wir maßlos überbewerten. Wir leiden, weil wir anhaften an Emotionen wie Neid, Gier, Eifersucht und Angst. Und wir leiden, wenn wir im Nein der Ablehnung leben.

Es gibt ein Ende des Leidens.
Allmählich erwächst das Bewusstsein, dass da noch etwas anderes ist als der Körper. Das Ende des Leidens bedeutet, die Grenzen des physischen Körpers infrage zu stellen und schließlich zu verlassen – zum Beispiel mit Meditation. Der achtfache Pfad lotst uns aus dem Leiden.

Der achtfache Pfad

Der achtfache Pfad würde mit Leichtigkeit ein ganzes Buch füllen, was heißt hier eines. Nachfolgend eine kurze, auf unser westliches Leben zugeschnittene Zusammenfassung. Wer sich wirklich für seine geistige Entwicklung interessiert, findet im achtfachen Pfad eine große Hilfe, sich von unnützen Dingen zu lösen. Im späteren Lauf des Lebens ist es das Beste, sich von äußeren Wünschen zu lösen, damit sie nicht mehr unser Unbewusstes dominieren.

1. Rechte Anschauung

Ich kann mir meine Welt nicht zusammenstellen wie einen bunten Teller vom Buffet. Wenn ich auf dem achtfachen Pfad unterwegs bin, habe ich mindestens eine Idee davon, dass alles zusammenhängt: Ursache und Wirkung. Ich erkenne, dass ich für mein Tun und auch für mein Nicht-Tun verantwortlich bin. Sich mit der philosophischen Lehre des Buddhismus zu beschäftigten heißt zu erkennen, wie die Dinge im Geist wirklich ablaufen.

Kurz: Bemühe dich um Weisheit und verhalte dich erhebend für andere.

2. Rechte Absicht

Warum tun wir, was wir tun? Um etwas Bestimmtes damit zu erreichen. Um beliebt zu sein oder jemanden zu täuschen oder Karriere zu machen? Wer auf dem achtfachen Pfad wandelt, handelt nicht in der Absicht, etwas zurückzubekommen. Er handelt so wie er handelt, weil er weiß, dass es richtig ist; er handelt aus der rechten Absicht heraus. Und nicht so, wie ein Bundestagsabgeordneter, der dem damaligen Bundeskanzler Helmut Schmidt seine Karriereplanung vorlegte. »Könnten Sie das bitte einmal durchsehen, Herr Bundeskanzler, ob ich auch nichts vergessen habe?«

Helmut Schmidt las, dass der Kollege geplant hatte, wann er welchen Posten in der Partei bekleiden wollte.

Und während der Jungpolitiker sicher war, alles richtig gemacht zu haben, ja vielleicht sogar damit rechnete, ein Lob zu bekommen, antwortete Helmut Schmidt konsterniert, dass es nicht darum gehe, einen Karriereplan zu erstellen, sondern darum, das Rechte für die Menschen zu tun. Manchmal führe das dann zu einer Karriere, doch sie dürfe nie das Ziel sein.

Die rechte Absicht meint: Ist das, was dich motiviert, nicht nur zu deinem Wohle, sondern auch zum Wohle anderer Menschen?

Kurz: Richte deine Gedanken und dein Handeln auf das Wohl der anderen.

3. Rechtes Reden

Wie oft merken wir gar nicht, was wir sagen. Gedankenlos werten wir andere ab, schimpfen, fluchen. Doch jedes Wort hat eine Energie und es ist wichtig zu hören, was wir sagen, anstatt unbewusst vor uns hin zu brabbeln oder fluchen.

Rechtes Reden ist ein Dreiklang:

1. Wie rede ich über etwas?
2. Wie rede ich mit anderen?
3. Welche Zwischentöne transportiert meine Stimme?

Die Wirkung von Fäkalsprache hat mir Cornelia einmal sehr drastisch geschildert. Sie war im Taxi unterwegs zum Flughafen, und der Chauffeur fluchte in einer Tour. Jedes dritte Wort war Scheiße. Als Cornelia beim Flughafen ausstieg, hatte sie das Gefühl, besudelt zu sein und sofort duschen zu müssen. Sie nahm sich selbst das Versprechen ab, dass sie dieses Wort nie wieder sagen würde. Meines Wissens hat sie das eingehalten … bis auf einige scheußliche, akute Ausnahmen.

Achten Sie einmal darauf, was Sie empfinden, was in Ihrem Körper vorgeht, wenn jemand flucht. Wird es eher weit oder eng, leicht oder schwer in Ihnen? Vermutlich werden Sie staunen, wie unangenehm es ist, anderen beim Fluchen zuzuhören und zuzusehen, entspannt und schön sieht anders aus. Fluchen sieht auch bildlich nicht gut aus, wie die Fotografien des japanischen Forschers Dr. Masaru Emoto zeigen. Er war der Ansicht, dass Wasser die Einflüsse von Gedanken und Gefühlen aufnimmt und speichert. Seine Thesen bewies er durch Experimente, indem er Wasser in Flaschen fotografierte, die beschriftet waren mit positiven Botschaften wie Danke oder negativen wie Hass. Danach fror er das Waser ein und fotografierte die Eiskristalle, die unterschiedlich aussahen, je nachdem ob sie eine positive oder negative Botschaft trugen. Wunderschöne geordnete Kristalle bilden sich bei den erhebenden Worten und sehr hässliche, verwaschene Kristalle bei den negativen. Mit diesem Bewusstsein der Wirkung macht es Freude, unsere Worte achtsam zu wählen. Wir wissen dann nämlich, was unsere Worte bewirken können – im Guten wie im Schlechten.

Kurz: Mit einer erhebenden und stärkenden Sprache kreieren wir wunderschöne Energiemuster in uns selbst und anderen.

4. Rechtes Handeln

Die Frage lautet: Kann ich nach meinen Handlungen noch in den Spiegel schauen? Bin ich bereit, mit mir selbst weiterzuleben nach dem, was ich getan habe? Oder muss ich sehr viel vergessen, ausblenden, krummbiegen, um das zu können?

Rechtes Handeln bedeutet, dass wir uns darüber bewusst sind, dass der Zweck, wie es bei uns so schön heißt, nicht die Mittel heiligt.

Kurz: Durch eigenes Tun Sinnvolles gestalten.

5. Rechter Lebenserwerb

Tagein, tagaus treffen wir unzählige Entscheidungen in die eine oder andere Richtung. Der achtfache Pfad ruft zur Unbestechlichkeit auf; wenn wir ihn beschreiten sind wir auf einem guten Weg. Wir können uns bestärken, indem wir uns immer wieder einmal folgende Fragen stellen:

Wollen wir so handeln, dass andere darunter leiden?

Wollen wir unsere Energie in den Dienst eines Unternehmens stellen, das uns und anderen schadet?

Schwierige Fragen … vor allem für Buddhisten: Aktien ja oder nein?

Im buddhistischen Kontext beteiligt man sich nicht an Entscheidungen, auch finanzieller Art, die andere offen oder verdeckt schädigen. Nicht dass man kein Geld verdienen sollte – doch womit? Diese Frage beantwortete mir vor vielen Jahren ein buddhistischer Lama in Kathmandu. Er bestärkte seine Schüler darin, viel Geld *auf dem rechten Lebenserwerb* zu verdienen, um damit viel Gutes tun zu können.

Kurz: Den Ursprung unserer Einkünfte nicht aus den Augen verlieren!

6. Rechte Anstrengung

Die rechte Lebensweise fällt einem nicht in den Schoß. Es ist schwerer, ein gutes Leben zu führen, als sich ein gutes Leben zu kaufen. Bei Anstrengung und Tüchtigkeit denken wir landläufig eher an Tätigkeiten. Doch wir können uns auch anstrengen und tüchtig sein, um unseren Geist aufzuräumen und zu reinigen, anstatt das Haus, das Auto und die Garage. Aus buddhistischer Sicht haben Fleiß und rechte Anstrengung wenig damit zu tun, wie wir es in unserer Leistungsgesellschaft verstehen. Faulheit bedeutet: nicht meditieren, nicht rezitieren und sich nicht täglich dem inneren leuchtenden Geist widmen. Also eine ganz andere Sichtweise als die westliche, in der wir eher solche rühmen, die vierzehn Stunden im Büro sitzen, oder stets alles akribisch aufräumen. Nicht dass ein unordentliches Zuhause im Buddhismus erwünscht wäre. Die Priorität liegt im inneren Aufräumen!

Kurz: Widme deiner spirituellen Praxis eine hohe Aufmerksamkeit.

7. Rechte Achtsamkeit

Um in die rechte Achtsamkeit zu gelangen, spüren Sie jetzt bitte einmal das Buch oder Tablet in Ihren Händen. Vielleicht lesen Sie diesen Satz zweimal. Nehmen Sie Tempo raus, werden Sie langsamer, nur dann können Sie sich beobachten und in die Achtsamkeit finden. In der Achtsamkeit werden wir nicht weggerissen von aufploppenden Eindrücken, die uns aus der Bahn werfen.

Aufgewühlte Emotionen führen zu schnellem und unüberlegtem Handeln. Daraus entwickeln sich negative Konsequenzen, die wir im Rückkehrschluss wieder aufarbeiten müssen. Verlangsamung schenkt uns durch seine Intensivierung des Erlebten Genussfähigkeit, wir können Momente tatsächlich genießen und üben uns in Geduld und Gelassenheit. Verlangsamung in der Meditation führt in die Tiefe, deshalb übt der Praktizierende das langsame Atmen.

Kurz: Achtsamkeit intensiviert das Leben.

8. Rechte Sammlung

Wir kontrollieren den abschweifenden nervösen Geist und werden belohnt durch höchste Konzentration. Um die rechte Sammlung zu erreichen, empfiehlt sich Meditation, idealerweise eine solche, die sich auf eine Sache konzentriert, zum Beispiel den Atem.

Kurz: Mehr dazu in Lang im nächsten Kapitel.

Reiselust:
Meditation

Das Kernstück des Buddhismus ist die Meditation. Seit einiger Zeit wird sie auch in unseren Breiten immer beliebter, weil die Menschen Antworten suchen, die sie in unserer Kultur nicht finden. Es gibt viele verschiedene Arten von Meditation und falls Sie noch nie meditiert haben, ist nun der beste Moment, damit zu beginnen. Schließlich haben Sie Großes vor – die Reise in das Zauberland des dritten Drittels.

Wann immer wir besondere Länder bereisen möchten, brauchen wir eine spezielle Ausrüstung. Durch Meditation gelangen wir in die fernsten und wunderbarsten Länder, in das Reich in uns selbst – und das alles emissionsfrei. Einbildung? Nein, wissenschaftlich erforscht: Acht vom Dalai Lama höchstpersönlich ausgewählte Mönche wurden von seiner Heiligkeit als Probanden an die University of Wisconsin gesandt. Sie sollten dem Neuropsychologen Richard Davidson dabei helfen herauszufinden, was genau im Gehirn bei der Mediation geschieht. Die Befunde zeigen, dass Meditation und mentale Disziplin zu grundlegenden Veränderungen im Gehirn führen. Optimistische Menschen haben einen aktiveren linken Frontalcortex als unglückliche. Offenbar hält dieses Hirnareal schlechte Gefühle im Zaum und sorgt für die heitere Ausgeglichenheit und Gemütsruhe, die so viele Buddhisten auszeichnet. »Glück ist eine Fertigkeit, die sich erlernen lässt wie eine Sportart oder das Spielen eines Musikinstruments«, lautete Davidsons Schlussfolgerung, der die Mönche in einem weiteren Versuch unter die enzephalografische Lupe nahm, während sie die Meditation des vorbehaltlosen Mitgefühls praktizierten, wobei 256 über den gesamten Schädel verteilte Fühler ihre Hirnströme maßen. Zum Vergleich diente eine Gruppe Meditationsnovizen – und es zeigten sich beeindruckende Unterschiede. Während im Gehirn der Mönche die sogenannte Gamma-Aktivität stark anstieg, erhöhte sie sich bei den ungeübten Probanden kaum. Aber so entspannt ein buddhistischer Mönch bei der Meditation wirken mag – sein Gehirn ist extrem wach, wacher als wir es im Alltag jemals erreichen.[5]

Genau das liegt in unserer Absicht – aufwachen, Bewusstsein! Und so lassen Sie uns nun mit Meditation beginnen, den Fokus und die Aufmerksamkeit nach innen richten, das Bewusstsein auf eine andere Ebene lenken. Lassen Sie uns aufbrechen ins Quantenfeld!

Im Quantenfeld

Das Nervensystem unseres Körpers ist ausgerichtet auf die Welt von Newton, die materielle Welt. Unsere Sinne nehmen alles wahr. In der Meditation lösen wir uns vom »Ich« in dieser Sinneswahrnehmung, wir lösen uns von Raum und Zeit in das Bewusstsein von Nichts, Nirgendwo als Niemand in die Quantenwelt von Licht, Informationen, Energie und Bewusstsein. Die Buddhisten nennen es die Leere. In dieser Leere existiert nur Energie – es gibt keine Konzepte und keine Strukturen. Jedermann hat hier Zugang jedoch nur als Niemand, im Nirgendwo als Nichts außerhalb von Raum und Zeit. Hier ist alles ewig und unendlich, formlos – alles im ewigen Jetzt. Das Bewusstsein erlebt All-eins mit allem und

5. https://sz.de/1.912829

Nichts-sein. Einstein hat mit seiner Relativitätstheorie mathematisch aufgezeigt, dass Materie durch die Geschwindigkeit des Lichts in Energie verwandelt wird. Somit ist jenseits der materiellen Ebene alles eins. Unser Bewusstsein wird sich bewusst, dass es bewusst ist – in diesem vereinheitlichten Quantenfeld – in dieser Leere, die gleichzeitig die Fülle ist oder das Feld der grenzenlosen Möglichkeiten. Hier werden wir zu reinem Bewusstsein. Man könnte sagen, das Göttliche in uns verschmilzt mit dem göttlichen Universum, mit dem allumfassenden Feld, das reine Energie ist: Unser Bewusstsein als die Seele kehrt heim in das göttliche Feld.

In der Meditation bringen wir unseren Geist zum Leuchten und befreien Geist und Körper von Störgefühlen, die uns am Aufenthalt im Quantenfeld hindern. Es ist ein bisschen, wie wenn man in den Urlaub fährt und ständig an zu Hause denkt. Man will es abstellen, es klappt aber nicht. Durch die Meditation lernen wir, den großen Off-Schalter zu bedienen, und Sie werden sehr schnell merken, wie gut der Urlaub vom Gedankenkarussell tut. Denn normalerweise denkt man immer mehr, wenn man denkt, dass man nichts denken möchte. Das liegt daran, dass – sobald wir uns Ruhe gönnen – im Geist die To-do-Listen aufploppen. Diejenigen, die wir heute nicht geschafft haben, aber auch die von gestern und vorgestern und sogar Geschichten von anno Tobak tauchen auf. Manche Menschen können deshalb nur schwer einschlafen. Die Gedanken hindern sie daran. Genauso hindern sie uns am Meditieren. Also brauchen wir eine Einstimmung auf die Meditation, damit der Geist vorbereitet wird und die Einladung in die neuen Räume, in das Quantenfeld, annimmt. Denn – wie bereits einmal erwähnt – er ist ein Gewohnheitstier und schätzt seine eingefahrenen Bahnen.

Im weitesten Sinne zählen auch die taoistischen Übungen wie Qigong und Tai-Chi zur Konzentration und Schulung des Geistes, die wir mit Meditation erreichen wollen. Für die Jüngeren wurde

Kung-Fu und Shaolin-Training entwickelt, um zu lernen, den inneren Geist zu konzentrieren. Oder Yoga, das aus der Hindu-Tradition stammt. Das Ziel ist jeweils, sich mit der Energie der höheren göttlichen Ordnung zu verbinden.

Bitte überfordern Sie sich nicht mit der Erwartung, eins, zwei, drei, hopp in der Glückseligkeit zu landen. Der Weg ist das Ziel – und es ist ein wunderbarer Weg!

ZEHN GRÜNDE FÜR DIE MEDITATION

1.
Unser plappernder Geist übernimmt die Herrschaft, wenn wir nicht lernen, mithilfe unserer Gehirnwellen in einen ruhigen Zustand zu gelangen. Wir können die Wirklichkeit außerhalb unserer Persönlichkeit nur mit einem klaren Geisteszustand beobachten. Diese Klarheit schenkt uns Gelassenheit, Gesundheit und Glück.

2.
Der physische Körper kann sich reorganisieren und aufatmen. Dadurch entspannen sich die Muskeln, das Immunsystem kann sich neu organisieren, da es sich mit dem Quantenfeld verbindet.

3.
Ängste verringern sich in der Meditation. Angst macht klein und eng. Durch die intensive Atmung während der Meditation dehnen wir uns energetisch aus. Blockierte Energie wird freigesetzt, Bewusstsein fließt vom Körper in die Weite, wodurch sich die Gehirnwellen verlangsamen. Wir strömen in das unendliche Quantenfeld und erkennen, dass wir viel mehr sind als unsere Teilpersönlichkeiten: »Ich

bin größer als die Herausforderungen und Probleme meines jetzigen Lebens. Ich kann mein Leben meistern.«

4.

Gleichzeitig entschleunigen wir, und das führt zu bewusster Wahrnehmung und Lebensfreude. Nur in der Langsamkeit können wir den Moment auskosten, sinnliche Erfahrungen vollumfänglich aufnehmen. Den Duft der Rose, den lauen Wind auf unserer Haut, das Glitzern der Sonnenstrahlen auf dem Wasser, die Wärme in unseren Händen … Das ist das ideale Ladetempo, um unseren Körper mit neuer Energie zu versorgen.

5.

Durch das Kennenlernen und Erforschen anderer Bewusstseinsebenen erweitert sich unser Horizont. Je mehr Erfahrungen wir sammeln, desto weiter dehnt sich der Kreis unserer Vorstellungsmöglichkeiten aus, und wir erkennen, was alles möglich ist, viel, viel, viel mehr als wir jetzt noch glauben!

6.

Meditieren macht das Herz weicher, weil wir uns aus den zuweilen engen und harten Gedankenwelten der Teilpersönlichkeiten herausbewegen. Es gibt nichts Stärkeres als ein weiches Herz. Mit einem weichen Herzen finden wir die richtigen Worte, um unsere Wertschätzung und sanfte und zärtliche Gefühle auszudrücken, und sie strahlen wiederum auf uns ab.

7.

Wir bringen verzettelte Energie zu uns zurück und zentrieren uns – Fokussierung, Konzentration. Menschen, die meditieren, sind oft sehr gesammelt und klar und auch resilient, weil sie sich zuversichtlich in der Überzeugung verankert haben, geschützt zu sein. Meditation nährt!

8.

Alte Gefühle und Blockaden können in der Meditation transformiert werden. So entwickeln wir innere Reife und Souveränität, die uns auch würdig ist, und hören auf mit kindischen Zickereien oder Sturheit, die uns manchmal seit Jahren begleiten.

9.

Meditation heilt Schmerzen besser als Schmerztabletten, wie Versuche zeigen – und hierbei nahmen keine Mönche an Studien teil, sondern Menschen ohne Meditationserfahrung, die in einem einfachen Training in einer Achtsamkeitsmeditation unterwiesen wurden.[6] Hochinteressante Erfahrungsberichte dazu liefert unter anderem auch das Buch »Mind over Medicine – Warum Gedanken stärker sind als Medizin« von Lissa Rankin.
In der Meditation kehren wir nach Hause – wir zünden ein Licht im Inneren an.

10.

»Meditation – because some questions can't be answered by Google!«
Diesen großartigen Spruch habe ich irgendwo im Netz gelesen. Tatsächlich könnte das einer der größten Nutzen sein,

6. https://www.spiegel.de/consent-a?targetUrl=https%3A%2F%2Fwww.spiegel.de%2Fwissenschaft%2Fmedizin%2Fhirnforschung-meditation-lindert-schmerzen-so-gut-wie-arznei-a-756573.html&ref=https%3A%2F%2Fwww.google.com

wenn wir regelmäßig meditieren. Unser Verstand kann uns nur Antworten liefern, die in seine konditionierte Vorstellungswelt passen. Beim Meditieren halten wir uns außerhalb der Box auf. Lernen, sich das Unmögliche vorzustellen, ist lernen zu meditieren und sich im Quantenfeld zu bewegen. Wenn wir meditieren, drücken wir den Pausenknopf und hören nicht mehr die immer gleichen Antworten. Eine neue Energie durchdringt den Körper, und wir finden neue Antworten, gerade auf die spannendsten Fragen, bei denen Google passen muss.

Gehirnwellen

Wie sieht ein Gedanke aus? Eckig oder rund, kommt er als Binärcode daher oder in deutscher Grammatik? Ist er eine Welle oder ein Strahl? Sicher ist, dass der Geist schwingt und dass diese Schwingungen die Gehirnaktivität, also kognitive Prozesse, beeinflussen. Das ist wissenschaftlich zweifelsfrei belegt, denn Gehirnwellen können mithilfe der Elektroenzephalografie (EEG) sichtbar gemacht werden. Aufgrund ihrer unterschiedlichen Frequenzen unterscheidet man fünf Kategorien von Gehirnwellen: Alpha, Beta, Delta, Gamma und Theta. Wie beschrieben, können Menschen mit einem hoch entwickelten Bewusstsein wie die Mönche des Dalai Lama ihre Gehirnwellen steuern, und das ist eine andere Klasse, als wenn unsere Teilpersönlichkeiten das Lenkrad in Händen halten. Es befähigt sie zu einem entspannten Umgang mit stressigen Situationen und beeinflusst ihre psychische und physische Gesundheit positiv.

Auch mein Leben hat sich stark verändert, seitdem ich meditiere, und ich kann mir ein Leben ohne nicht mehr vorstellen. Sehr gute Erfahrungen habe ich beim Meditieren mit dem Konzept

Awakened Mind von Anna Wise gemacht. Die Neurotherapeutin und Human-Psychologin kombinierte die Ergebnisse ihrer Hirnwellenforschungen mit Meditationstechniken und entwickelte ein Training, mit dem optimale Bewusstseinszustände erreicht werden können: Hirnwellenmuster und Bewusstseinszustände können gezielt erzeugt werden. Das Konzept erklärt, warum viele Menschen nicht entspannen können und Schwierigkeiten haben, sich mit ihrem Geist nach innen zu bewegen. Denn wenn man auf einer Beta-Welle surft, ist man im Gedankenmodus, im Wachbewusstsein unterwegs, und damit kommen wir nicht in die Tiefsee des Geistes. Nachfolgend beschreibe ich die fünf Wellen, um dann mit Ihnen gemeinsam auf einer Wellenlänge weiterzusurfen.

Beta-Gehirnwellen

Frequenzen von 14 Hz bis zu 38 Hz. Hier sind wir im Gedanken-Modus, im Wachbewusstsein. Die Aufmerksamkeit für den Körper, die Umwelt und für die Zeiterfahrung ist aktiv. Ohne Beta könnten wir uns in der Außenwelt nicht zurechtfinden. Die Beta-Gehirnwellen erzeugen schnelle Bilder, innere laute Dialoge und führen zu einem eher angespannten Körpergefühl.

Alpha-Gehirnwellen

Mit etwa 9 Hz bis 14 Hz bildet Alpha eine Brücke zwischen Bewusstsein und Unterbewusstsein. Die Hirnströme sind durch ein entspanntes, leicht meditatives Gewahrsein charakterisiert, wie wir es von Visualisierungen, Sinneseindrücken und Tagträumen kennen. Ohne Alpha könnten wir uns nicht an in der Meditation Erlebtes erinnern und Inhalte des Unterbewussten könnten ohne aktives Alpha nicht ins Wachbewusstsein aufsteigen; der Zugang zum Unterbewussten würde fehlen. Die Alpha-Gehirnwellen erzeugen ein Gefühl wie vor dem Einschlafen: nicht wach und auch nicht eingeschlafen. Keine konkreten inneren Bilder oder Dialoge, die wir festhalten können.

Theta-Gehirnwellen

Hier befinden wir uns im Unterbewusstsein. Von etwa 4 Hz bis 8 Hz ist Theta im Traumschlaf präsent und in tiefer Meditation. Mit Theta surfen wir auf einer Welle zu kreativer Inspiration und höchster spiritueller Verbindung. Die Theta-Gehirnwellen zeigen, dass wir schlafen.

Delta-Gehirnwellen

Im Bereich von etwa 0,5 Hz bis 4 Hz repräsentieren sie das Unbewusste, den Tiefschlafzustand. Wenn Delta (Tiefschlaf) in Kombination mit Beta- und Alphawellen (wach und entspannt) präsent ist, fungiert es als eine Art Radar, das Informationen sucht – und versucht, auf der tiefsten unbewussten Ebene Dinge begreift, die wir nicht durch das Denken erfassen können. Delta-Wellen stehen für Intuition, empathische Abstimmung und instinktive Einsicht.

Gamma-Gehirnwellen

Ihre Frequenzen reichen von 38 Hz bis 100 Hz. Sie wurden bei Spitzenleistungen und extremer Fokussierung beobachtet – wie auch bei den Mönchen in der Röhre. Da sie als letzte entdeckt wurden, sind sie am wenigsten erforscht.

In tiefer Meditation erreichen wir eine Kombination aus Alpha- und Theta-Wellen in verschieden starken Anteilen und Gewichtungen, sodass ein gelöster und entspannter Geist, Alpha, in einem tiefenentspannten Körper, Theta, ruht. Ein erwachter Geist kann optimale Bewusstseinszustände für die Entwicklung von Kreativität, Selbstheilungskräften, einer besseren allgemeinen Gesundheit, für Entspannung und den Umgang mit Stress, für größere Selbsterkenntnis und die Entwicklung der eigenen Spiritualität nutzen. Und wir tanken uns auf mit neuer lichter Energie!

Die Energiezentren in der Meditation

Viele Menschen glauben, zum Meditieren müsse man im Schneider-, noch besser im Lotossitz Platz nehmen, die Augen schließen und dürfe sich nicht bewegen. Gewiss, so sieht Meditation von außen oft aus, doch es gibt unzählige Variationen von Meditation. Manche Menschen erzählen, dass sie beim Hausputz meditieren oder beim Stricken, bei der Gartenarbeit und natürlich im Liegen. Die Meditation, die ich praktiziere, bezieht den Körper mit ein, hier folge ich der Meinung von Dr. Joe Dispenza, der lehrt, dass wir den Körper zuerst einmal in Balance bringen müssen. Es geht also nicht vordringlich darum, mit geschlossenen Augen still zu sitzen, was im Übrigen alles andere als einfach ist für uns »Westler«. Denn kaum schließen wir die Augen, beginnt das Feuerwerk der Bilder im Kopf. Aus diesem Grund besteht der erste Schritt meiner Methode darin, den Körper zu stabilisieren und den Geist zu reinigen.

Wir beobachten unseren Atem. Wie bei jedem anderen Menschen hat auch Ihr Leben mit einem Einatmen begonnen. Ihre Lungen haben sich zum ersten Mal mit Luft gefüllt. Eines Tages wird unser Leben enden mit einem Ausatmen. Unsere Lungen werden zum letzten Mal Luft freigeben. Bis dahin liegt eine unbestimmte Anzahl von Atemzügen vor uns. Denen wir nun bewusst folgen; wir lernen in der Meditation, unseren Atem wahrzunehmen. Ich atme. Ich bin da. Ein Baby schreit meist bei seinem ersten Atemzug, und wenn es Glück hat, wird sein Ruf gehört – jemand wendet sich ihm liebevoll zu, kümmert sich. Allein ist der kleine Mensch nicht lebensfähig. Und auch der große nicht. Wir brauchen andere Wesen, um zu teilen – nicht nur die Luft. Wir wollen uns mitteilen, austauschen, uns verbinden. Meistens ist uns nicht bewusst, dass wir im Atmen schon miteinander verbunden sind. Alle atmen, ein und aus, dieselbe Luft, die Bäume machen sie sauber; ob sie dabei wohl meditieren? Ja, auch Bäume atmen. Sie nehmen Kohlendioxid auf, geben Sauerstoff ab, feuchten die Luft an und filtern sie von Schadstoffen. Und wenn wir ganz genau hinsehen, erkennen wir an jedem Blatt, wo der Baum atmet: durch kleine Spalten, die sich öffnen und schließen. Alles ist im Fluss. Alles lebt. Der Atem verbindet alles mit allem und uns mit dem Quantenfeld, in das wir uns hineinatmen. Wir reisen nicht mit der Bahn oder dem Flugzeug, sondern mit der Welle unseres Atems. Es mag nicht beim ersten Mal gelingen, doch mit der Zeit und der Praxis werden Sie ankommen und verweilen, zuerst vielleicht nur für einen Wimpernschlag, dann länger und länger und irgendwann für ein kurzes Für Immer, bevor es weitergeht ins nächste Leben.

Mit unserem Atem können wir die Energiezentren in unserem Körper erreichen und aktivieren. Stellen Sie sich diese wie eine Leiter vor: Der Atem klettert empor, und Sie fühlen sich immer wohler, weiter, freier, leichter. Wenn die Energie nicht aufsteigen kann, blockiert ist, erreicht sie das für die Meditation wichtigste Zentrum nicht: die Zirbeldrüse. Sie ist sozusagen unsere Fritz!Box, um uns mit höheren Ebenen zu verbinden. Ist die Zirbeldrüse offline statt online, bleiben wir in den Emotionen hängen, werden vielleicht wütend, sind genervt oder traurig, weil es mit dem Meditieren nicht klappt. Also gehen Sie immer wieder zurück zu Ihrem Atem, Zug um Zug in die Freiheit und die, ja: Glückseligkeit.

Ich erinnere mich noch gut daran, wie ich als junger Mann so gern diese wunderbaren Gefühle, von denen ich gelesen hatte, erfahren wollte. Ich meditierte stundenlang – doch die wunderbaren Gefühle stellten sich nicht ein. Das machte mich manchmal regelrecht zornig oder ich geriet in Verzweiflung. Warum klappte das nicht bei mir? Irgendwann wurde mein Durchhaltevermögen belohnt, doch im Nachhinein wünschte ich mir, ich hätte damals schon die Abkürzung über die Energiezentren des Körpers gefunden, die mir später durch *Awakening your Lightbody* von Sanaya Roman und Duane Packer bekannt wurden.

Wenn wir den Körper »mitnehmen«, reisen wir mit einer Abkürzung ins gelobte Land. Es ist geradezu verblüffend, wie schnell wir in auch sehr hohe Bewusstseinszustände gelangen können, vor allem, wenn wir unsere Erkenntnisse über die Gehirnwellen nutzen und sie mit der richtigen Musik in Schwung bringen. In unseren für Sie erstellten Meditationen, die Sie downloaden können (siehe QR-Code Seite 8), haben wir alles miteinander verbunden.

Nachfolgend eine einfache Anleitung, wie Sie über den Körper in den Geist gelangen. Wenn Sie mehr wissen wollen, empfehlen wir Ihnen das Buch »Werde übernatürlich« von Dr. Joe Dispenza.

1.

Das erste Energiezentrum können Sie mit Ihrem Beckenbodenmuskel aktivieren. Nehmen Sie einen tiefen Atemzug durch die Nase und bewegen Sie gleichzeitig den Beckenbodenmuskel leicht hin und her. Sie werden wahrnehmen, dass sich dadurch das Steißbein ein wenig bewegt. Die Energie strömt durch Ihr Rückgrat nach oben.

2.

Atmen Sie in Ihr zweites Zentrum. Es befindet sich beim Bauchnabel. Auch dieses können Sie mit den zwei Muskelsträngen links und rechts vom Bauchnabel aktivieren, indem sie die beiden leicht zusammenziehen. Während Sie bewusst dahin atmen, ziehen Sie den Geist aus den festgehaltenen Blockaden von Trauer, Zweifel, Angst und Schuld aus diesem Zentrum raus.

3.

Atmen Sie nun in Ihr drittes Zentrum am Solarplexus. Auch hier können Sie die beiden sich gegenüberliegenden Muskelstränge unter dem Rippenbogen leicht zusammenziehen. Indem Sie bewusst in dieses dritte Zentrum atmen, befreien Sie sich von Blockaden, die mit Wut, Ärger und Zorn zu tun haben und die Ihr Bewusstsein noch im Körper festhalten könnten.

4.
Nun atmen Sie bewusst in Ihr Herz hinein. Legen Sie sanft eine Hand auf Ihr Herz und werden Sie sich dieses Zentrums bewusst. Die Energie folgt Ihrer Aufmerksamkeit. Somit steigt nun der Geist hoch in Ihr Herz.

5.
Das fünfte Zentrum ist das Energiezentrum in Ihrem Halsbereich. Hier gibt es oft Blockaden, wenn wir nicht klar aussprechen, was unsere Bedürfnisse und Wünsche sind, oder nicht sagen, was uns stört, oder uns der Mut fehlt, einen Konflikt anzusprechen. Ziehen Sie den Atem mit Ihrem Bewusstsein in dieses Zentrum, damit die Blockaden sich lösen.

6.
Das sechste Zentrum ist die Zirbeldrüse im Bereich des Hinterkopfs. Atmen Sie bewusst, auch wenn es sich zuerst seltsam anfühlt, in Ihren Kopf und stellen Sie sich vor, wie er die Zirbeldrüse erfüllt.

In den Meditationen zum Download finden Sie die sogenannte Tummo-Atmung aus dem tibetischen Buddhismus, mit der Sie lernen, die Zirbeldrüse direkt zu aktivieren.

7.
Das siebte Zentrum ist die Hypophyse. Sie befindet sich unter dem Scheitel in Ihrem Kopf. Atmen Sie bewusst in dieses Zentrum und stellen Sie sich vor, wie die Energie aus diesem Scheitelzentrum über Ihren Kopf fließt und wie ein Kokon um Sie herum wieder nach unten strömt.

Und dann fangen Sie mit dem nächsten Atemzug von vorne an.

Durch das bewusste Atmen lernen Sie, Ihre Emotionen und Ihre Gedanken zu ordnen – wie Sie vielleicht jahrelang Ihre Firma oder die Familie gemanagt haben. Es entsteht eine innere Ordnung, Klarheit, ein neues Bewusstsein, das Sie auf die höheren spirituellen Ebenen führt als Einstimmung für die letzte Phase und alles, was danach folgen mag. Sie haben gut vorgesorgt. Nichts kann Ihnen »passieren«.

Zehn Meditationen in das Land der Verheißung

Nun haben Sie alle Energiezentren kennengelernt und sind bestens vorbereitet für die Praxis. Die nachfolgenden Meditationen dauern zwischen dreißig und vierzig Minuten.

Der Aufbau der Meditationen dient dazu, den physischen Körper wie beschrieben einzustimmen, damit wir in den höheren Ebenen des Bewusstseins verweilen können. Sie können sich das wie bei einem Marathon vorstellen. Den laufen Sie auch nicht ohne Training, sondern Sie bereiten sich wochen-, ja monatelang auf die knapp 42 Kilometer vor. Sie besorgen sich das richtige Equipment, trainieren zuerst kleine Distanzen, sammeln Erfahrungen, um, wenn mal eine Durststrecke kommt, nicht aufzugeben, finden Strategien, um sich zu motivieren, lernen, sich nicht ablenken zu lassen – und kommen mit Leichtigkeit ans Ziel.

Am besten, Sie praktizieren die folgenden Meditationen, die wir an dieser Stelle nur kurz beschreiben, weil Sie diese wie gesagt downloaden können, nacheinander – idealerweise jeden Tag eine – und fahren dann je nach Bedarf fort. Die beste Zeit für die Meditationen ist der Morgen gleich nach dem Aufstehen. Ideal wäre sogar vier Uhr morgens, optimal für die Zirbeldrüse, okay, auch sechs Uhr ist gut. So leiten Sie alles in die Wege, um einen glücklichen und erfolgreichen Tag zu erleben.

1. Buddhas erste Meditation

Bei der ersten Meditation gilt es zu üben, den Geist von der äußeren in die innere Welt zu bringen. Die äußere Welt im Geist ist durch ständig wechselnde Filme und Bilder im Kopf gekennzeichnet, garniert von den Bewertungen unserer inneren Stimme. Diese beiden Geistesfunktionen verhindern es, dass wir uns selbst wahrnehmen. Die Leitung zu uns selbst ist besetzt, wir bekommen keine Verbindung. Doch wenn wir den Fokus vom Kopfkino und Geplapper abziehen und die Aufmerksamkeit zurückrichten auf den Atem, auf den Körper, lernen wir von der äußeren Welt in die Innere zu gehen, in das Reich, in dem Milch und Honig fließen.

2. Energiezentren aufladen

Wir kultivieren ein Bewusstsein für die Energiezentren im Körper, die über unseren Atem in einem harmonischen Gleichgewicht miteinander sind. Wir laden sie auf, bringen sie in Balance.

3. Tummo-Atem

Hier ziehen wir festgehaltene Energie, Gefühle von Wut, Enttäuschung, Ärger, Angst, Sorgen, Trauer und Gier aus dem unteren Körperbereich. Das Ziel ist, dass sich passive und aktive Aggressionen und Ängste als fließende Energie verfeinern und ins Herz strömen, um Mitgefühl zu empfinden, die Zirbeldrüse zu aktivieren und in den weiten leuchtenden Raum des Göttlichen zu schauen.

4. Die drei Lichter des Buddhas

Wir bauen uns einen neuen Teil, einen Weisheitsteil, wozu wir das Symbol Buddhas nutzen, das wir in unseren eigenen Geist integrieren. Wir installieren sozusagen eine neue Internetseite in unserem Geist, die mit Weisheit erfüllt ist.

5. Die tiefste der Tiefe erleben: Atem, Tummo und die drei Lichter

Diese Meditation kombiniert die drei vorangegangen. Wir entwickeln ein intensives Bild und Gefühl für unsere neue, weise, durchblickende, klare, selbstbewusste, wissende Buddha-Natur.

6. Im Hier und Jetzt sein – frei von Karma

Wir verstärken den ewigen Moment des Jetzt, genießen das Verweilen im Sein.

7. Im Lichtkörper erstrahlen

Wir entwickeln von innen eine tiefe, leuchtende Ausstrahlung. Langsam, Schritt für Schritt etablieren wir ein zukünftiges Selbst, das optimistisch, klar, freundlich, liebenswert, stark und weise ist, frei von belastenden Bildern und ermüdenden Gedanken.

8. Die höchste Entwicklungsstufe im eigenen Leben visualisieren

Wir kultivieren eine beste Version von uns selbst – »Wer möchte ich sein, wenn ich die Erde verlasse? Was möchte ich ausstrahlen?« Es geht hier um den höchstmöglichen Zustand von Weisheit, Gesundheit, Mitgefühl, innerer Stärke, verbunden mit dem göttlichen Quantenfeld.

9. Die Stufen des Bewusstseins bis zur neuen Reinkarnation üben

In dieser Meditation üben wir den Übergang von einem zum anderen Leben, bis wir erneut inkarnieren. So verirren wir uns nicht im Niemandsland – ein Routenplaner in unsere nächste Existenz.

10. Leben im göttlichen Feld

Leben in Buddhas reinem Land. Das Ziel entwickelter Buddhisten, in Buddhas reinem Land zu inkarnieren. Ein inneres Zuhause, sicher, geborgen, harmonisch … daheim.

Dritter Teil:

Unterwegs

Reiseapotheke:
Was wir niemals vergessen sollten

Sie sind aufgebrochen. Also unterwegs. Aufgebrochen … ein seltsames Wort. Etwas bricht auf und daraus ist ein neuer Teil hervorgebrochen, und der hat sich nun aufgemacht im Sinne von geöffnet, hat sich auch leiblich aufgemacht und ist unterwegs in ein neues Land, das dennoch altbekannt ist, da wir von dort kommen und dorthin gehen. Und wiederkommen – mit einer ein Stück weiter entwickelten Seele. Diese Entwicklung dient auch Ihrer Gesundheit, denn Sie arbeiten an der besten Version von sich selbst. Ja, man könnte sagen, Sie verfügen nun über eine integrierte Reiseapotheke. Weil Sie sich aufgemacht haben, haben Sie Kräfte und Ressourcen, die Ihnen zuvor nicht bewusst waren. Ihr inneres Leuchten strahlt nach außen. Mit diesem »Kapital« können Sie sich keine Immobilie kaufen, aber heimisch werden in Ihrer inneren Zuflucht. Dort gibt es allerdings kein Sofa, auf dem man es sich gemütlich macht, und daneben das Beistelltischchen mit den gesalzenen Erdnüsschen und der Fernbedienung für die Unterhaltung, die ja genau genommen nur eine Ablenkung ist vom Wesentlichen, vom Licht und der Liebe. Und mit der Zeit, wenn wir mal ehrlich sind, auch ein wenig öde wird. Man kennt das eigene Leben wie seine Westentasche. Auch der Allüren seiner Teilpersönlichkeiten wird man überdrüssig. Abertausend Mal gespürt, da ist er, der Besserwisser, der Zu-Kurz-Gekommene, der Raser. Sogar wenn man auf hohem Niveau vor sich hindümpelt, kann man sich langweilen.

Doch die bürgerliche Vorstellung vom Älterwerden lässt nicht viel Spielraum, sofern man weiterhin dazugehören will, anstatt zu den durchgeknallten Alten gezählt zu werden. Zwei Ausbruchsversuche sind mehr oder weniger gestattet. Männer proben die Flucht mittels schneller Autos, mit denen sie in einem Höllentempo von sich wegfahren in der Hoffnung, junge Frauen zu entflammen. Frauen bleiben da und entdecken eines Tages, dass ihnen Haare auf den Zähnen wachsen. Für viele ist das ein Startsignal, und sie werfen alles Alte hin, manchmal auch den Alten, von dem sie sich trennen, die Kinder sind ohnehin ausgezogen. Und dann machen sie etwas, von dem sie sagen, dass sie es schon immer wollten. Malen oder Singen oder eine Ausbildung. Vielleicht zur Yogalehrerin. Die Partner, die vielleicht keine Haare auf den Zähnen, aber in Ohren und Nase haben, sagen: Meine Frau ist durchgeknallt. Die Partnerinnen der Auto-Männer vermelden das meist auch.

Ich kenne dich gar nicht mehr. Du bist so anders. Ja, man ist sich fremd geworden. Wer sagt, dass man zusammenbleiben muss für immer? Vor allem, wenn man sich gegenseitig im Weg steht. Das dritte Drittel ist die Zeit der Um- und Aufbrüche. Oft führen sie in das eigene Leben. Endlich! Das eigene Leben beginnt tief im Inneren, nicht mit dem Erwerb neuer Dinge. Sondern damit, dass wir Dinge tun, die sinnvoll sind und unsere Seele erfüllen. Wir finden neue Aufgaben. Wir tun nicht mehr das, was alle erwarten, was von uns verlangt wird. Sondern dass, was uns erfüllt. Denn wir wissen ja, dass die Zeit, die uns noch bleibt, schrumpft, und wir wollen sie nutzen, aber diesmal anders als zuvor, als wir durch unser Leben rasten und To-do-Listen abhakten.

Schicksal in die Freiheit

Je älter wir werden, desto mehr Mut finden wir, nicht das Nützliche zu tun, sondern das Sinnvolle. Jordan B. Peterson, ein großartiger Denker dieser Zeit, schrieb in seinem Buch »12 Rules of life«:

»Sinn ist der Weg, der erfülltere Lebensweg, ist der Ort, an dem man lebt, wenn man von Liebe erfüllt ist und die Wahrheit sagt und wenn nichts, was man haben möchte oder möglicherweise haben möchte, den Vorrang über genau das erhält. Tun Sie das, was sinnvoll ist, nicht das, was zweckmäßig ist.« Mit anderen Worten: Wenn Ihr Herz erfüllt ist von Wärme und Freude an dem, was Sie tun. Wenn nicht, dann lassen Sie es und finden etwas Neues.

Diese Umbrüche geschehen nicht von selbst. Wir müssen sie aktiv betreiben. Manchmal »hilft« uns ein Schicksalsschlag dabei, ein Todesfall in der Familie, ein Unfall, eine schwere Erkrankung. Das komplette Nervensystem wird erschüttert, der Mensch durchläuft die bekannten Phasen vom Nichtwahrhabenwollen zum Verleugnen, sich aufbäumen, er durchlebt schnell abwechselnde intensive Gefühle von Wut, Verzweiflung, Angst, auch Hoffnung und schließlich arrangiert er sich mit seinem Schicksal, kann es vielleicht sogar annehmen – und ist danach ein anderer als zuvor … und möchte diese neue Version von sich selbst gern behalten. Er hat am Wesentlichen geschnuppert, vor allem, wenn der Tod ihn gestreift hat. Für die meisten Menschen ist die Begegnung mit dem Tod eine Zäsur. Jetzt wollen sie alles anders machen. Doch oft hält so ein Vorsatz nicht an. Früher oder später rutscht man zurück ins alte Leben und vergisst nach und nach, dass man doch eigentlich langfristig etwas verändern wollte. Man fällt so erschreckend leicht in die alte Bequemlichkeit zurück, der Körper ist verankert in den alten Verhaltensmustern. Wenn wir Glück haben, klopft das Schicksal noch einmal an die Tür. Es kann auch mit der Tür ins Haus brechen, dann haben wir unsere erste Chance zur Wandlung verschenkt. Doch meistens bekommen wir eine zweite, eine Erinnerung, dass wir uns nun wirklich aufmachen sollten. Die biologische Uhr tickt nicht nur bei Frauen mit Kinderwunsch, sondern bei allen Menschen, die sich entwickeln möchten. Je älter wir sind, desto weniger Zeit bleibt uns statistisch, einen wachen Geist aufzubauen, die Teilpersönlichkeiten zu transformieren und uns neu zu orientieren. Dieser Prozess dauert zwischen zwei und zehn Jahren. Ja, er beflügelt. Es gibt aber auch immer wieder Phasen, die uns viel Disziplin abverlangen. Besonders wenn wir uns von lieben Gewohnheiten trennen möchten. Allerdings wissen wir ja, dass sie uns einlullen. Es ist so gemütlich, auf dem Sofa einen Film zu gucken, anstatt zu meditieren.

Perfektionismus bringt aber nur Stress. Wie wäre es heute mit Meditation, morgen mit einem Film und übermorgen mit beidem? Tatsache ist, dass man mit viel Gepäck nicht vom Fleck kommt, und Gewohnheiten wiegen schwer. Dazu zählen auch emotionale Bindungen. Es klingt hart, doch wenn Sie darüber nachdenken, ist es folgerichtig: Innere Reife entsteht durch die Auflösung emotionaler Bindungen. Erleuchtete Meister bauen keine Bindungen auf und sind trotzdem im Mitgefühl verbunden. Aber was heißt das? »Muss ich mich von meinem Mann trennen, wenn ich Buddhistin werde?« Diese Frage wird mir häufig gestellt.

Nein, natürlich nicht. Aber es könnte sein, dass Sie eines Tages selbst den Wunsch verspüren, Abstand herzustellen, weil Ihnen das, was Sie gefunden haben während Ihrer spirituellen Entwicklung, nun verheißungsvoller erscheint als das, was zu Hause im Hobbykeller hämmert. Alles hat seine Zeit.

Es geht nicht darum, Liebe abzuziehen von Menschen, die uns lange begleiten, ganz im Gegenteil. Die Verbindung im Mitgefühl ist die tiefste überhaupt. Sie ist frei von Erwartungen, von Anhaftungen, von Ablehnung, von Projektionen, von Unwissenheit. Wir selbst werden frei, weil uns die Bindungen an andere Menschen nicht mehr beeinflussen, von unserem eigenen Weg abbringen. Wir regen uns sonst allzu gern über jemanden auf, wollen gute Ratschläge erteilen, verstehen nicht, warum der andere uns nicht versteht und so weiter. So bauen wir einen emotionalen Strom auf, und das hat Auswirkungen, die uns daran hindern, wirklich frei zu sein. Es geht also darum, diese Bindungen zu lockern, damit der höhere Geist übernehmen kann, was kein Gramm an Verlust wahrer Zuneigung bedeutet, sondern einen Speckgürtel aus wärmendem Mitgefühl.

Doch das können sich viele Menschen nicht vorstellen. Schnell geraten sie in das Karussell der Verlustängste. Und sie wollen die anderen ja nicht enttäuschen. »Wie soll ich meiner Tochter das erklären, dass ich nicht mehr jedes Wochenende auf die Enkel aufpasse? Und mein Mann möchte mit mir nach Mallorca, nicht ins Schweigekloster.« Wir haben Sorge, als egoistisch zu gelten. Oder fühlen uns verpflichtet. Doch man kann nicht alles auf einmal tun, dafür reicht die Kraft nicht aus, die im Alter ohnehin weniger wird. Jede Bindung fordert Energie. Erinnern Sie sich immer wieder daran und holen Sie sich Kraft bei Ihren Zielen, um Nein zu sagen zu Ansprüchen, die für Sie nicht mehr zeitgemäß sind. Um Ja zu sagen zu sich selbst. Gerade langjährige Beziehungen funktionieren nicht selten als Kontrollgruppe. Einer kontrolliert den anderen. *Du hast schon wieder, du wolltest doch, glaubst du ich habe nicht gemerkt, dass du ...* Gegenseitige Projektionen verstärken die Enge. In so einer Atmosphäre kann kein freier Geist wachsen. Doch warum trennen sich die Beteiligten nicht? Weil die Angst vor dem Alleinsein größer ist. Doch wenn wir dieses angebliche Alleinsein einmal genauer betrachten, stellen wir fest, dass das Zusammensein eine noch viel größere Illusion ist.

Ich glaube nicht, dass ein Mensch, der wirklich nach Bewusstsein strebt, aufgehalten werden kann. Aber ich glaube, dass viele Menschen dies halbherzig tun, so ein bisschen eben. Dankbar schlüpfen sie in den Mantel der Entschuldigung, der ihnen vorgeblich von ihrem Partner hingehalten wird: »Ich würde ja gern, aber mein Mann versteht das nicht.« »Ich würde ja schon, aber meine Frau ist dagegen« und so weiter und so weiter. Und trotzdem bleibt man zusammen, weil man sich irgendwann einmal ein Versprechen gegeben hat. War man das überhaupt oder saßen da zwei Teilpersönlichkeiten am Steuer, Sexy-Hexy und Romeo, die mittlerweile blind und taub in den hinteren Bänken des Busses sitzen und schon lange keinen Schaltknüppel mehr in der Hand hatten. Doch gewiss können die Einwände unserer Familien und Freunde Zweifel säen. Und wenn man sich dann für egoistisch hält, weil man sich um sich selbst kümmert oder das von anderen hört, kann man schon einmal ins Grübeln geraten. Doch je weiter man auf seinem Weg gegangen ist, desto schneller verschwinden die Zweifel, denn tief in einem selbst ist diese Gewissheit, dieses Leuchten, dieses sichere Gefühl. Und das gibt die Kraft weiterzugehen, auch wenn auf diesem Pfad nicht so viele Menschen wandeln wie auf den Autobahnen unserer Leistungsgesellschaft.

Glücklich im Leerraum

Wer aufgebrochen ist, wer schon ein Stück weit gegangen ist, dem werden Kräfte zuströmen, beharrlich und leicht weiterzugehen. Ungeahnte Kräfte werden ihm erwachsen. Wer sich aufgemacht hat, wird Schritt für Schritt belohnt mit einer ganz neuen Energie, die durch die vielen neuen Eindrücke im Geist entsteht. Sie sind mit intensiven Gefühlen verbunden, sodass es immer unattraktiver wird, Ablenkungen rechts und links des Weges zu folgen. Das merken auch unsere Mitmenschen, die uns plötzlich sehr interessant finden. Menschen, die erfüllt in sich sind, strahlen eine große Anziehungskraft aus.

Indem wir alte Beziehungen loslassen, können neue entstehen. Plötzlich werden wir von Menschen gesehen, die auf unser helles Licht reagieren, die uns vorher nicht gesehen hätten – und wir sie auch nicht. Wir wechseln die Gesellschaft, und merken dabei vielleicht sogar verblüfft, dass wir gar nicht unbedingt Gesellschaft brauchen. *Ich genüge mir selbst.* Wir stellen womöglich infrage, ob man wirklich immer zu zweit sein muss. Ganz neue Gedanken! Wir merken, dass vieles ohne Beziehung einfacher ist. Denn Bindungen behindern eben auch. Dann besteht die Gefahr, dass wir von unserem Weg abweichen, um anderen zu gefallen oder uns selbst gut zu fühlen. *Sind wir nicht supernett und toll?* Doch das hält nur kurzfristig an, und wir bezahlen einen hohen Preis, nämlich dass wir uns selbst wieder verlieren.

Wenn sich zwei Partner in einer Beziehung auf den Weg der Bewusstwerdung begeben, ist es einfacher. Doch wir werden allein sterben. Je mehr wir vertrauen und je mehr wir uns mit dem Buddha in uns verbinden, desto gelassener können wir dem Tod ins Auge sehen. Die Angst schrumpft und schwindet dahin. Manchmal bleibt nur noch Neugier: Was wird dann sein?

Als Buddhisten legen wir in diesem Leben die Saat für das nächste. Gläubige Menschen allgemein sehen dem Tod oft entspannter entgehen. Sie fallen in kein schwarzes Loch, sie gehen heim.

Ja, eines Tages ist es so weit. Wenn ich mir vorstelle, am Ende meines Lebens überrascht zu werden vom Ende und vielleicht blitzartig erkennen zu müssen, dass ich nicht gut vorbereitet bin, dass ich mich nicht auskenne, dass ich keine Ahnung habe, was passiert, dass ich all dem ohnmächtig ausgeliefert bin, wenngleich ich mich vorbereiten hätte können. Doch nun ist es zu spät. Wegen meiner mangelnden Vorbereitung ziehe ich nicht als leuchtende strahlende Seele in einen neuen Körper ein. Da könnte ich nicht mehr in den Spiegel schauen, was ich ja ohnehin dann nicht mehr könnte.

Nein, da muss ich nicht lange überlegen, zumal ich weiß, dass der Tod nicht immer so sanft kommt, wie wir es wünschen – nach dem Motto: friedlich eingeschlafen. Der Sterbeprozess kann ein anstrengender Kampf sein. Die Persönlichkeit hadert und will nicht loslassen. Viele unbewusste Ängste können auftauchen, hadern mit der Vergangenheit und hadern mit dem Unbekannten, das vor uns liegt.

Gewiss, man kann Glück haben. Für viele Leute heißt Glück, den eigenen Tod zu verschlafen. Für mich bedeutet es, so lange wie möglich so bewusst wie möglich zu bleiben. Im tibetischen Buddhismus sind Geburt und Tod entscheidend. Der Leerraum dazwischen ist die Vorbereitung auf das Sterben. Denn der Energiestrom, in dem wir diesen Körper verlassen, wird unsere nächste Reinkarnation beeinflussen. Genau darauf bereite ich mich vor, und das können Sie auch – mit einem bewussten dritten Drittel. Sie können sich zudem eine Reiseapotheke zusammenstellen und den Notfallkoffer können Sie tatsächlich mitnehmen, nicht nur bis zu Ihrem letzten Atemzug in diesem Leben – er gilt auch noch im nächsten.

Nachfolgend einige Inspirationen für eine gute Vorbereitung – mit dem Ziel, sich die beste Version von sich selbst zu erschaffen! Man wird vielleicht niemals ankommen, doch der Weg ist das Ziel!

Die beste Version von mir selbst

Wärmende Liebe in sich selbst finden

Bei Liebe denken wir so oft an die Liebe, die wir bekommen. Oder die Liebe, die wir für andere Menschen empfinden. Doch wie ist es mit wärmender Liebe in uns selbst, die ganz einfach da ist, ohne Ziel? In den meisten Fällen ist unsere Liebe an einen Empfänger adressiert. Oder wir selbst empfangen sie. Aber Liebe einfach so? In uns selbst, grundlos? Wie soll das gehen, alles muss doch Sinn und Zweck haben in unserer Leistungsgesellschaft? Es lohnt sich, mal einen Schritt zurückzutreten oder noch besser: das, was ist, aus der Adlerperspektive zu beobachten. Wir sehen Menschen wie Ameisen, die von morgens bis abends rennen, kaum Zeit haben, mal durchzuschnaufen oder gar den Kopf zu heben und den Adler zu entdecken, der mit ausgebreiteten Schwingen gelassen seine Kreise zieht. Und wenn wir ihn sehen, mögen wir vielleicht denken: »Der hat's gut.« Und vergessen dabei, dass auch wir jederzeit unsere Flügel ausbreiten und in luftigen Höhen schweben können. Es ist alles eine Frage der Perspektive. Und was sehen wir dann? Dass wir uns abstrampeln, statt zu gleiten, und immer mehr wollen und tun, anstatt dankbar zu sein für das, was ist, und zu verweilen. Doch dieses Innehalten ist nötig, um wärmende Liebe zu säen, sie wachsen zu sehen und zu fühlen. Je mehr Zeit wir ihr widmen, desto prächtiger gedeiht sie, denn Zeit ist der einzige Dünger, den sie braucht.

Die wärmende Liebe ist etwas anderes als die Selbstliebe, die ständig eingefordert wird – als Basis des Lebensglücks – »Erst dann wirst du erfolgreich sein und eine glückliche Beziehung haben« und so weiter. »Du musst dich lieben, hopp-hopp, jetzt aber zackig.« Wohin das führt, wissen wir, schaut man sich die Ratgeberliteratur an, leiden immer mehr Menschen unter ihren narzisstischen Artgenossen und mancherorts er-ziehen wir auch unsere Kinder in diese Richtung. Doch wie entfachen wir die wärmende Liebe in uns selbst?

Durch Meditation! Sie ist die Brücke zur wärmenden Liebe. Wir können sie auch ganz bewusst errichten, indem wir liebevoll auf unser vergangenes Selbst zurückblicken und uns bei ihm bedanken, dass es sich entschieden hat, diesen Weg einzuschlagen, zu meditieren, sich entwickeln zu wollen zu einem höheren Bewusstsein, ja auch dafür, dieses Buch zu lesen. »Danke, vergangenes Selbst, dass du mich bis zu dieser Seite geführt hast, dass nun ganz neue Saiten in mir klingen.« Die wärmende Liebe ist ein heiliger Raum in unserem Inneren. Unaufhörlich strömt hier die wärmende Liebe, wann immer wir es nötig haben oder einfach möchten, es gibt keine Öffnungszeiten und Feiertage. Hier sind wir getragen vom Universum, vom Göttlichen, von Buddha oder wie auch immer wir es nennen wollen. Alles ist gut. Die wärmende Liebe erfüllt uns. Alles leuchtet. Wir sind aufgetankt und erfüllt mit Zuversicht, Wissen und Verbundenheit und in Kontakt mit unserer Buddha-Natur. Auch die Natur ist eine Brücke in diesen heiligen Raum. Er ist immer da und überall, und je öfter wir meditieren, umso leichter finden wir den Zugang.

Wärmende Liebe mit anderen teilen

Ein unvergessliches Erlebnis, wie Cornelia mir erzählte, war der Sterbeprozess ihrer schweizerischen Großmutter, eine starke und interessante Frau, die in den 1920er-Jahren etwas Unerhörtes tat, als sie in ihrem Dorf Männerhosen trug!!! Und das war noch lange nicht alles. Auf dem Motorrad ihres Verlobten saß sie wie ein Mann, anstatt geziemt im Damensitz. Sünde! Außerdem wusste man doch, dass die Gebärmutter einer Frau Schaden nahm, wenn sie erstens überhaupt und zweitens so Motorrad fuhr. Doch die Strafe würde auf dem Fuße folgen, sie würde nämlich keine Kinder bekommen. Lag es an diesem Umfeld, dass Cornelias Großmutter die Gesellschaft von Katzen der von Menschen vorzog? Allein bei den Katzen konnte sie sich öffnen, flüsterte zärtlich und singsangte, sonst klang ihr Ton harsch. Dann nahte ihre letzte Stunde. Wie auf alten Gemälden versammelte sich die Familie um das Bett der Sterbenden. Cornelia, die länger nicht bei der Großmutter gewesen war, konnte nicht fassen, wohin die starke Frau, die sie einst gewesen war, verschwunden war. Das dünne, geschrumpfte, kraftlose Wesen, das war doch nicht die Großmutter! Die Katzen erkannten sie und einige säumten schnurrend ihr Bett.

Die Großmutter erlitt offensichtlich einen Schock, als sie ihrer Familie so ausgeliefert war, die sie liebevoll pflegte über Wochen. Dreiundneunzig Jahre war sie alt geworden und hatte eine solche Nähe noch nie erlebt in ihrer verschlossenen Haltung. Aus staunenden Augen suchte sie immer wieder die Blicke der anderen. Getragen von ihrer Liebe erkannte sie, dass sie in einer Illusion gelebt hatte. Sie rang nach Worten, das mitzuteilen, fand aber keine für diese große Erkenntnis, bis sie schließlich alle ihre Kräfte sammelte, sich im Bett aufbäumte und mit ihrer fast gewohnt harschen Stimme brüllte: »Ihr seid alle so lieb zu mir!«

Am Ende war ihre Rüstung geschmolzen wie ihr Widerstand, Liebe mit Geschöpfen ohne Fell zu teilen. Was bleibt, ist eben doch Liebe. Liebe ist unerschöpflich. Liebe lässt Rüstungen schmelzen und Mauern bröckeln … wieso gehen wir so sparsam mit ihr um? Wieso glauben wir, sie sogar unseren Freunden und Familien vorenthalten zu müssen? Gerade als wäre sie etwas besonders Kostbares. Ja gewiss, sie ist etwas besonders Kostbares, das Kostbarste überhaupt, wie uns am Ende des Lebens bewusst wird, und genau deshalb sollten wir verschwenderisch und großzügig mit ihr umgehen. Je mehr wir prassen, desto voller die Füllhörner.

Neulich habe ich einen Sticker auf der Heckklappe eines alten Fiat gesehen – *It is only love, give it away*. Ja genau so ist es. Bei Liebe bitte keine Diät, sondern eine große Portion, immer und überall und gern einen Nachschlag. Das ist so unglaublich befreiend, vor allem, wenn wir in unserer Kindheit gelernt haben, nicht zu lieb, zu empfindlich, zu weich zu sein, keine Streicheleinheiten zu geben – ein Indianer kennt keinen Schmerz – und sich später dann bloß nicht in die Karten schauen zu lassen nach dem Motto: Nicht geschimpft ist gelobt genug.

Erlauben Sie sich Wärme in Ihrem Herzen, indem Sie großzügig zuhören, ohne zu unterbrechen, andere bestätigen, ohne zu korrigieren oder kritisieren. Sparen Sie niemals an Komplimenten und Wertschätzungen und spüren Sie die Liebe in Ihrem warmen Herzen, wenn Sie in die strahlenden Augen Ihres Gegenübers blicken. Schätzen Sie, was da ist. Hören Sie auf zu nörgeln. Dafür sind die letzten Jahre einfach zu kostbar.

Lernen, mit sich alleine glücklich zu sein

Manchmal erzählen Menschen, wie gut es ihnen allein geht. »Ich habe immer zu tun«, sagen sie. Den ganzen Tag sind sie am Rödeln und abends schauen sie Filme, nein, keine Krimis, Naturdokus. »Mir ist nie langweilig.«

Schade, denke ich da manchmal, denn Langeweile ist eine motivierende Einladung, den Blick von außen nach innen zu wenden.

Mit sich alleine glücklich zu sein heißt nicht, dass man sich den ganzen Tag aus dem Weg geht, indem man sich rund um die Uhr ablenkt, beschäftigt. Es ist kurios, wie wir der Begegnung mit uns selbst – mit das Größte, das wir erfahren können, denn wir selbst sind eine Tür in die Unendlichkeit – so unbedingt vermeiden möchten. Je länger wir uns aus dem Weg gehen, umso größer wird die Angst. Denn man spürt es ja, dass man damit an so etwas unendlich Großes rührt. Und weil es fremd ist, macht es Angst. Die verlieren wir, wenn wir hin und wieder zwischen all den Beschäftigungen eine Lücke finden, uns in die Meditation wagen, erst ein bisschen, dann länger. Sie werden großartige Momente der Stille erleben, Freude und sogar Ekstase. Verweilen im Sein! Ohne Netflix und YouTube und das virtuelle (Sicherheits-) Netz, ohne den Drang, etwas erledigen zu müssen, ohne das schlechte Gewissen, man wäre faul. Innerlich frei, vertieft in die Unendlichkeit des Moments. Das kann erfüllender sein als jede Zweisamkeit!

Manche Menschen meinen, sie seien nur etwas wert, wenn sie einen Partner hätten. Eigentlich geht es ihnen allein mit sich gut, wenn nicht bestens. Doch sie glauben, sie müssten zu zweit sein, aus welchen Gründen auch immer, und beginnen dann eine zeitaufwendige und oft frustrierende Suche und lassen sich auf mancherlei Experimente ein, die ihnen nicht guttun. Was ist so schrecklich daran, mit sich selbst allein zu sein? Ich kann nur vermuten, dass ein Suchender noch nicht bei sich selbst angekommen und dem Trugschluss auf den Leim gegangen ist, er würde bei anderen finden, was er nur bei sich selbst vorrätig hat.

Distanz

Ein gesunder »Sicherheitsabstand« zu dieser manchmal »verrückten« Welt will gelernt sein. Zu viel Medienkonsum verwirrt den Geist und macht uns regelrecht verrückt. Denn die Welle der Informationen gerade im Internet kann uns derart ins Schleudern bringen, dass wir unseren Sorgengedanken ins Netz gehen und bloß noch zappeln. Eine gesunde Distanz bedeutet auf der mentalen Ebene, dass die inneren Bilder des Weltgeschehens in die Ferne rücken. Der goldene Buddha rückt nach vorne. Der innere Geist ist durchflutet von weichem, leuchtendem warmem Licht, und der Körper entspannt sich. Das heißt nicht, dass Ihnen das Weltgeschehen egal sein und Sie in einem Vakuum leben sollen. Es bedeutet lediglich, dass Sie nicht ständig um das Nachrichtengeschehen kreisen. Die Welt wird sich weiterdrehen, auch ohne Ihre sorgenvollen Gedanken, Ihre Ohnmacht, Ihre Wut … und vielleicht ganz wichtig: Wir sind nicht verantwortlich für die »verrückte« Welt da draußen. Wir sind verantwortlich für die heile gesunde Welt in uns drinnen. Und die gestaltet letztlich auch die Welt da draußen!

Wahrnehmung schulen

Alles, was wir erleben, kommt durch unsere fünf Sinne zu uns. Wir hören etwas, fühlen, wir riechen und schmecken, wir tasten und sehen. Aufgrund unserer Sinne erschließen wir uns die Welt. Doch wir nehmen nur einen Bruchteil unserer Umwelt wirklich wahr. Und wenn wir schlafen, sind wir wie ausgeschaltet. Doch die Welt ist trotzdem noch da. Also ist sie nicht auf die Wahrnehmung durch uns beschränkt. Das sollten wir wahrnehmen!

Achtsamkeit lernen

Wenn wir unsere Wahrnehmung schulen, ebnen wir den Weg in die Achtsamkeit und sie wiederum intensiviert unser Leben und bringt unseren Geist zum Leuchten. Achtsamkeit heißt langsamer machen. Also lieber weniger Text und tiefer.

Eine neue Beziehung zum inneren Kind aufbauen

Die Infantilisierung unserer Gesellschaft schreitet in einem atemberaubenden Tempo voran. Wir werden zunehmend kindlicher, aber auch kindischer – wir halten uns die Augen zu und sagen: Ich bin gar nicht da. Was jedoch unbedingt da sein sollte, ist das innere Kind. So paradox es klingen mag, innere Reife hat auch damit zu tun, dass wir lernen, uns bewusst mit unserem inneren Kind zu befassen. In jedem von uns lebt ein gesundes, strahlendes kleines Mädchen und ein gesunder, strahlender kleiner Junge. Dieses freie glückliche Kind braucht Raum, sich auszudrücken. Verbinden Sie sich bewusst mit diesem Aspekt Ihrer Persönlichkeit, und Sie werden erleben, wie charmant, heiter und fröhlich Sie in Ihrem inneren Kind sein können. Wenn wir uns mit diesem geistigen Aspekt unserer Persönlichkeit verbinden, öffnen wir unser Bewusstsein wieder zum Staunen und erleben Wunder. Der welkende, alternde Körper wird frisch energetisiert und Achtzigjährige und Ältere tanzen Rock'n'Roll und vollbringen erstaunliche Leistungen, wie ich es auf YouTube gesehen habe … mit Maß. Unser inneres Kind ist pure Freude und verliert sich nicht in der Kontrolle des Perfektionismus oder lässt sich davon lähmen, was andere Leute denken könnten. Diese Freude bringt Ihre Augen auch im Alter zum Strahlen und verbindet Sie immer wieder mit der göttlichen Ebene und Ihrer Seele. Verwechseln Sie das bitte nicht mit dem zwanghaften Festhalten am Jung- und Schönsein, was ja häufig eher verkniffen macht.

Jane, eine gute Freundin aus Thailand, die mich hin und wieder in Deutschland besucht, fragte mich, als wir durch eine belebte

Einkaufsstraße liefen, geradezu verstört von den vielen älteren Frauen, die gern nackte Haut zeigten: »Stephan! Why old Oma makes sexy? Why?«

Ich erklärte ihr, dass die Mittfünfzigerin vermutlich Probleme hätte, ihr Alter anzunehmen.

»This too?«, fragte sie kurz darauf. Ja, wenn man in einer deutschen Großstadt unterwegs ist, sieht man viele Menschen die Probleme mit dem Alter haben, auch Männer, wenngleich sie häufig nicht so viel nackte Haut zeigen, außer vielleicht auf dem Kopf.

»But Stephan!«, Jane klang fast empört. »Why this old lady must have shorts and look like an elephant?«

»Das konnte man wahrscheinlich nicht operieren«, antwortete ich nun auch ein wenig ratlos.

Jane war nicht zufrieden. Es wollte ihr nicht in den Kopf, warum eine Grandma Shorts trug. In ihrem Kulturkreis macht die Anstrengung, sexy zu wirken, nur bis zur Heirat Sinn.

Im Gegensatz zu Frauen, die ihre echte Haut zeigen, kaufen sich Männer in einem gewissen Alter gern eine Lederhaut und tuckern dann auf schweren Harleys, die zeigen sollen, was für tolle Kerle sie sind, durch die Gegend. Am liebsten natürlich auf der Leopoldstraße in München, über den Ku'damm oder wo auch immer man gut sehen kann, wie jung sie geblieben sind, womit sie sehr deutlich zeigen, wie alt sie sind.

Nahrung finden für die Seele – Musik, Kunst und Gedichte

Unsere Seele ist feinstofflich, eine sehr feine, strahlende Energie. Sie will resonieren mit Ähnlichem. Als Teenager war es wichtig, die unteren Energiezentren zu entwickeln – es ging um Sex. Im dritten Drittel geht es um das Herz – nicht dass Sex tot wäre – er hat nur eine andere Qualität. Gedichte können Sie heute auf eine ganz neue Art beflügeln und berühren. Die Worte bringen

Erfahrungen und Erlebnisse zum Klingen, die tief in Ihren Zellen gespeichert sind. Erschaffen Sie heilige Orte in Ihrem alltäglichen Leben, in denen Ihre Seele resonieren kann mit Musik, Kunst und Gedichten.

Je höher die Frequenz von Bewusstsein steigt, desto mehr Resonanz benötigt die Energie. Lesen Sie keinen Schund. Seien Sie sich eine schöne Umgebung wert. Gestalten Sie einen Raum, eine Ecke in Ihrer Wohnung besonders schön. Blumen, Bilder, eine angenehme Beleuchtung. Entscheiden Sie sich immer wieder bewusst für schöne Dinge, sie strahlen ab.

Singen und Rezitieren

»Singing takes you to the beyond«, sagt die praktizierende Buddhistin Tina Turner. Ja, wenn wir singen, bewegen wir unser Bewusstsein aus dem Körper und somit aus der Enge der Persönlichkeit hinaus. Es wird weit und freudig in uns.

Viele von uns trauen sich nicht, weil irgendeine alte schamvolle Erinnerung aufsteigt. Soweit ich weiß, wurde das Vorsingen vor der Schulklasse mittlerweile abgeschafft – ein Segen für die ungetrübte Freude am Singen! Singen hat in der persönlichen Entwicklung eine große Bedeutung – sich trauen, gehört zu werden. In dem großartigen schwedischen Kultfilm »Wie im Himmel«, oscarnominiert 2006, sehen wir, dass Singen nicht nur glücklich macht, sondern dabei helfen kann, die eigene Stimme zu finden.

Auch Rezitieren ist eine Art von Gesang, und es führt das Bewusstsein in eine höhere Frequenz.

Eine Rezitation ist eine stets gleiche Abfolge von Worten. Sie sind wie ein PIN, mit dem wir uns auf einer bestimmten Website einloggen, nämlich auf der von Buddha. Was soll mit dieser starken Verbindung noch schiefgehen? Wir sind in unserem Herzen vereint mit dem strahlenden Licht des Göttlichen. Da Millionen von Menschen seit Jahrtausenden rezitieren, ist ein starkes elektromagnetisches Feld entstanden, und indem wir rezitieren, verbinden wir uns mit diesem Kraftfeld, werden gestärkt und zentriert. Unser Geist wird wieder klar und durchflutet von Licht. Dadurch können sich unsere Gedanken sortieren, klären und wir finden erstaunlich gute Lösungen für unsere täglichen Herausforderungen. Beim Rezitieren werden auch die inneren Dialoge leiser. Es wird stiller in uns – also genau das, was wir eigentlich wünschen. Ist es nicht so? Wir vergessen uns selbst, die Ich-bezogenen Themen verblassen. Mit der Wiederholung des Rezitierens dieser aufgeladenen Worte verändert sich das Gefühl im Körper, und das Bewusstsein richtet sich an unserer leuchtenden inneren Buddha-Natur aus. Das wäre sozusagen unser Norden auf dem inneren Kompass.

Mutig neue Freundschaften knüpfen

Oft werden lebenslange Freundschaften als etwas sehr Kostbares zelebriert. Das sind sie auch. Viel hat man miteinander erlebt, man kennt sich so gut und spürt eine tiefe Verbundenheit zueinander. Alte Freunde sind Zeitzeugen. Wenn Freundschaften allerdings nur noch von Erinnerungen zehren, sollten wir uns durchaus einmal fragen, weshalb wir sie aufrechterhalten. Haben wir uns nicht schon längst auseinandergelebt? Warum halten wir so fest an manchen alten Freunden? Sie loszulassen bedeutet ja nicht, unsere Vergangenheit zu verlieren, sie bleibt weiterhin bestehen, auch ohne dass wir die alten Geschichten wieder und wieder aufwärmen.

Manche Freundschaft ist kurioserweise gar nicht schön, sondern speist sich aus den immer gleichen Missverständnissen, Ärgernissen, Dramen, derer wir eigentlich müde sind. Warum sollen wir sie Spielzeit für Spielzeit aufs Neue aufführen? Im dritten Drittel unseres Lebens können wir guten Gewissens ein neues Programm inszenieren. Man muss die alten Weggefährten ja nicht vor den Kopf stoßen – man kann sich einfach seltener melden und manchmal stellt man fest, dass sie sich sowieso nie melden, und irgendwann schläft der Kontakt ein. Vielleicht belebt er sich einmal wieder, vielleicht nicht.

Wir sind im Fluss. Jetzt ist die beste Zeit, sich neu zu erfinden. Wer will ich sein? Was möchte ich in einer Freundschaft leben? Je klarer wir zu unseren Werten stehen, je klarer wird unser Geist und somit auch unsere Ausstrahlung. Entsprechend verändern wir unser Energiefeld, ziehen andere Menschen an. In dem beeindruckenden und berührenden Dokumentarfilm »Rhythm is it! You can change your life in a dance class« (Deutscher Filmpreis 2005) inszeniert Sir Simon Rattle, damals Stardirigent der Berliner Philharmoniker, zusammen mit Royston Maldoom, einem englischen Tanzlehrer, eine Tanzinszenierung mit Jugendlichen aus allen gesellschaftlichen Schichten von Berlin zu Strawinskys Le Sacré du Printemps. In einer großartigen Szene rüttelt Royston Maldoom die Jugendlichen förmlich auf mit dem Appell: Wirkliche Freunde unterstützen sich gegenseitig, zu wachsen und sich weiterzuentwickeln, inspirieren und beflügeln sich. Falsche Freunde dämpfen die Freude, halten uns zurück, entmutigen uns.

Wir haben die Wahl.

Trauen Sie sich, darüber zu reflektieren, was für Sie in neuen Freundschaften möglich sein könnte. Trauen Sie sich, sich neue Freundschaften zu wünschen und zu manifestieren. Im Buddhismus sprechen wir von einer Sangha.

Das Testament

Viele Menschen beschäftigten sich das erste Mal konkret mit ihrem Tod, wenn es um ihr Testament geht. Sie möchten vermeiden, dass nach ihrem Ableben Streit entsteht und bemühen sich deshalb, vorher alles zu regeln. Der Streit entsteht natürlich oft trotzdem.

Manchmal erinnert man sich eines verstorbenen Menschen

und sagt: »Von ihm habe ich gelernt …« Oder: »Ich werde nie vergessen, wie sie …«

Was lassen wir zurück in den Herzen der Menschen, denen wir begegneten? Welche guten Gefühle haben wir in die Welt gebracht, die in anderen weiterleben können, auch wenn wir selbst nicht mehr da sind? Was möchten wir hinterlassen jenseits der materiellen Ebene?

Normalerweise schreibt man ein Testament für andere. Doch wenn wir an unser nächstes Leben denken, können wir auch ein Testament verfassen. Was möchten wir unserer nächsten Inkarnation vererben? Und was haben wir in diesem Leben dafür getan? Wenn andere Menschen Gutes von uns denken, wenn sie uns vielleicht vermissen, weil wir Licht in ihr Leben brachten, wenn andere, die uns kannten, von uns erzählen: »Er hat mir damals Mut gemacht …«, »Ohne sie wäre ich heute nicht da, wo ich bin …«, dann haben wir an unserem eigenen Testament für unser nächstes Leben gearbeitet. Wir haben die Chance genutzt, gutes Karma zu schaffen, damit wir in der nächsten Reinkarnation günstige Umstände vorfinden, in denen sich unser Geist weiterentwickeln kann. Dies ist aus buddhistischer Sicht das höchste Gut: Ein Leben als Sprungbrett für die Entwicklung im nächsten!

Reiseroute:

Unterwegs in die Zukunft

Gibt es eine Zukunft für uns, wenn das Herz aufhört zu schlagen? Nicht nur in unseren Kindern, sondern für uns selbst, die Alten? Der Buddhismus sagt Ja. Wir werden gewissermaßen zu unseren Kindern, und so erhält der Spruch: »Unsere Kinder sind die Zukunft«, eine ganz neue Bedeutung. Wir selbst sind unsere Zukunft.

Wenn wir aber nun einmal in eine Zeitmaschine steigen und wirklich in die Zukunft reisen würden, nicht in unsere persönliche, spirituelle, sondern in die der Welt – was würden wir dann sehen? Vielleicht reden die Leute in der Zukunft so wie wir über die Leute in der Vergangenheit. »Im Mittelalter lebten doch nur Barbaren!« Und im 21. Jahrhundert?

Sie waren nicht sehr hoch entwickelt, damals.
Stell dir vor, sie glaubten, mit dem Tod sei alles zu Ende!

Ja, das waren schon komische Leute.

Vor allem wie schwer sie es sich gemacht haben!

Ja, seltsam. Das kann man heutzutage gar nicht mehr verstehen.
Wobei das ja nicht überall so war. Seinerzeit gab es verschiedene Religionen auf der Welt.

Auf welcher Welt? Es gab doch damals eine erste und zweite und dritte.

Das Problem war die dritte Welt, also die Industriestaaten.

Die waren spirituell flächendeckend unterentwickelt. Leider nutzten sie die Hilfsprogramme der ersten Welt nicht. Obwohl Asien sehr viele spirituelle Führer aussandte und Entwicklungsprogramme startete, konnten sie sich nicht gegen den Konsum durchsetzen.

Schrecklich.

Ja, das waren harte Zeiten damals.

Gut, dass die vorbei sind! Denn das wäre ja keine schöne Aussicht, in solch eine Tristesse geboren zu werden beim nächsten Mal. Stell dir vor, du wärst in Europa zur Welt gekommen, wie fürchterlich!

Ja, gut, dass das alles vorbei ist und die Menschen heute auf die Wissenschaft hören!

Vor tausend Jahren wussten die Menschen in Europa nicht, dass es Amerika gibt. Existierte Amerika deshalb nicht?

Sterben lernen

Die buddhistischen Lamas oder Yogis haben den Prozess des Sterbens und der Wiedergeburt eingehend wissenschaftlich untersucht. Also das, was im Inneren passiert, wenn wir ab- und wieder auftreten. Keine andere Religion oder philosophische Schule hat sich ähnlich intensiv damit auseinandergesetzt. Das liegt auch daran, dass im Buddhismus der entwickelte Geist die tragende Säule ist und nicht ein imaginärer projektiver Gott, der als Vaterfigur strafen oder lieb sein kann. Die inneren Prozesse beim Sterben kann man nicht mit Computern untersuchen, sondern nur mit einem erleuchteten Geist. Und wenn sich die Ergebnisse ähneln, kann man daraus schließen, dass der Prozess auf diese Art und Weise verläuft. Ein grundlegender Unterschied zwischen dem Buddhismus und Religionen ist es, dass wir Buddhisten alles selbst untersuchen möchten. Wir glauben nichts einfach so. Deshalb ist der Buddhismus eine erfahrbare Lebensphilosophie, und die Praxis der großen Meister dient als Leitstern, wenngleich wir sehr weit davon entfernt sein mögen. Manchmal erscheint ein Regenbogen nach ihrem Tod oder ihr Leichnam zeigt keine Verwesungserscheinungen. Wer sich dafür interessiert, findet viele faszinierende Beispiele. An dieser Stelle nur eines: Der 12. Pandito Hambo Lama Dorzho Itigilow starb 1927 in einem buddhistischen Kloster in Sibirien. Kurz vor seinem Tod bat er seine Schüler, in dreißig Jahren nach seinem Körper zu sehen. Dann setzte er sich in den Lotossitz, meditierte und starb. Viele Unruhen gingen durch das Land. Während der Diktatur Stalins wurden unzählige Klöster zerstört und Mönche ermordet. Doch es gelang, den Leichnam Hambo Lamas nach dreißig Jahren zu exhumieren. Er sah aus, als wäre er eben erst verstorben, keine Spur von Verwesung war zu erkennen. Und so ist es bis heute geblieben. Untersuchungen ergaben, dass der Zustand der Eiweißbestandteile des Gewebes dem eines lebenden Menschen entspricht. Wie erklären wir so etwas? Mit unserem westlichen Verstand ist es nicht möglich. Für Buddhisten ist es ein Zeugnis der Kraft des Geistes, der in hoher Verwirklichung den Körper steuern kann.

Wir sehen allerdings immer nur das, was unser karmischer Blickwinkel zulässt. In einem unentwickelten Zustand sind die Scheuklappen eng, die unser Sichtfeld beschränken, vielleicht schauen wir auch nur durch ein Ofenrohr und halten, was wir sehen, für die ganze Welt. Die buddhistischen Lehren kennen unzählige Welten in verschiedenen Dimensionen. Diese Dimensionen werden in jüngster Zeit auch von Physikern als wahrscheinlich erachtet, Stichwort Parallel-Universen. Doch natürlich ist es für uns Menschen schwer, uns nicht für den Mittelpunkt der Welt zu halten. Womöglich gibt es bessere Sitzplätze!

Alle Welten stehen uns offen, wenn wir nicht angetrieben werden von unseren Teilpersönlichkeiten und dem Wunsch nach

Armani-Unterhosen, wenn wir den Geist schulen. Teilpersönlichkeiten haften an der irdischen Ebene und ziehen uns immer wieder hinab.

Ja, es erfordert hohe Disziplin, der äußeren Welt der Erscheinungen zu widerstehen und sich auf seine geistige Entwicklung zu konzentrieren. Überall lauern Verlockungen, und das innere Kind in uns liebt es, zu rebellieren und Verbote zu übertreten. Doch solange wir an der Welt der äußeren Erscheinungen anhaften, sind wir nicht frei.

Manchmal kommt es mir so vor, als wäre es ein Ziel unserer modernen Gesellschaft, der sogenannten ersten, aber vielleicht doch eher dritten Welt, uns von der Wahrheit zu entfernen. Unsere Zivilisation lobt ihren Humanismus, die unantastbare Würde des Einzelnen, doch in Wirklichkeit raubt sie den Menschen den Sinn. Konsumieren wärmt nicht das Herz, und Leistung macht nicht glücklich und Ellenbogenmentalität nicht frei. Und das alles hat Folgen, vor denen wir die Augen verschließen, als handele es sich um irgendeinen Aberglauben. Doch wir sterben alle. Ob wir es glauben oder nicht. Und wir kommen wieder. Ob Sie es glauben oder nicht.

Schlammblüter

In welcher Welt leben wir, in welchen Welten leben andere? Harry-Potter-Fans zum Beispiel in dieser[7]:

Schlammblut (im Original: *Mudblood*) ist ein sehr beleidigender und herabwürdigender Ausdruck für magische Menschen, deren Eltern Muggel sind. Das üble Schimpfwort benutzen nur solche Hexen und Zauberer, die sich etwas auf ihre reinblütige (im Original: *Pureblood*) Zaubererabstammung einbilden.

7. https://harry-potter.fandom.com/de/wiki/Schlammblut

Ich habe den Ausdruck Schlammblütler zum ersten Mal in einem buddhistischen Kloster von einem Mönch gehört – und das war lange bevor Harry Potter unseren Kindern die Lust am Lesen schenkte.

Buddha benutzte eine wunderbare Metapher, die Lotosblüte, um zu erklären, wie unterschiedlich entwickelt unser Geist sein kann. Der Vergleich der Lotosblüte hilft uns, voller Mitgefühl für alle menschliche Wesen zu sein und zu lernen anzunehmen, dass wir uns auf verschiedenen Stufen der Entwicklung bewegen. Wenn wir diese Metapher verstehen, können wir großzügiger sein, wir verlieren uns weniger im Retter-Opfer-Drama (siehe Seite 96) und lernen die Dinge so zu sehen, wie sie sind. Diese berühmte Geschichte der Lotosblüte erklärt die verschiedenen Entwicklungsstufen des Geistes in das Licht, in die Erleuchtung.

Stellen Sie sich einen wunderschönen Teich vor, auf dem auch einige Lotosblüten schwimmen. Sie sehen nur diejenigen auf der Wasseroberfläche. Ganz unten auf dem Grund des Teiches wachsen ebenfalls Lotosblüten, doch sie sind noch Knospen. Tief im Schlamm stecken Knospen, die nicht ahnen, dass es eine Wasseroberfläche gibt und Sonnenlicht. Sie sind einfach da – und haben noch einen weiten Weg vor sich. Darüber befinden sich Lotosblütenknospen, die sich aus dem Schlamm befreit und eine Idee vom Licht haben, das hin und wieder in ihre Tiefe blitzt. Nah unter der Wasseroberfläche treiben Lotosblumenknospen, die sich beharrlich dem Licht entgegenstrecken, das sie deutlich erkennen können, schon in der Intention des Öffnens.

Auf dem Wasser schwimmen die erblühten Lotosblumen. Sie haben die Wasserfläche durchstoßen und sich in ihrer Erleuchtung geöffnet. Deshalb sitzt Buddha in vielen Darstellungen auf einer geöffneten Lotosblüte. Sein Geist ist erleuchtet, er ist frei.

Auch wenn wir alle in unseren Wünschen und Hoffnungen gleich sind, so starten wir doch von verschiedenen Positionen ins Leben. Wir unterscheiden uns in unseren Fähigkeiten und unserer Energie. Das ist nicht gut oder schlecht, das ist einfach so. Man kann von einem Schlammblüter nicht erwarten, dass er eine charismatische Führungsfigur ist. Solche traurigen und grenzenlos überforderten Menschen begegnen mir in meinem Alltag als Führungskräfte-Coach genauso oft wie ungeduldige Chefs, die kein Verständnis dafür haben, dass sich eine Lotosblüte erst einmal entfalten muss. Und das dauert viele Leben.

Phowa

Ich war gerade vierzig geworden, als mir in einem unvergesslichen Moment mit aller Klarheit vor Augen stand, dass dieses Leben nicht ewig währen würde. Es war höchste Zeit, mich dem Thema Sterben zu widmen. Wie viel Zeit blieb mir? Ich wollte keinesfalls zu spät beginnen und meldete mich zu einem Phowa-Seminar an, bei dem ich lernen würde, das Bewusstsein in höhere Ebenen zu übertragen. Salopp gesagt ist das eine Abkürzung. Idealerweise landet man dann gleich an der richtigen Adresse und hängt nach dem Sterben nicht in düsteren Zwischenwelten fest. Außerdem hilft Phowa dabei, im nächsten Leben in eine Situation geboren zu werden, in der man sich gut entwickeln kann. Das heißt nicht, dass man mit einem goldenen Löffel zur Welt kommt, der könnte eher entwicklungshemmend sein.

Geburt und Sterben sind, buddhistisch betrachtet wie bereits erwähnt, die zwei Höhepunkte im Leben. Das Leben selbst ist nur der Bindestrich dazwischen, eine Randnotiz. Es gibt in dieser Weisheitslehre viele Beschreibungen zum Prozess des Sterbens und was nach dem Tod alles passiert. Zudem lehrt der Buddhismus uns Methoden, mit denen wir zum Zeitpunkt des Todes unser Bewusstsein befreien können, eben mit Phowa. Übersetzt bedeutet es: Transport von einem Ort an einen anderen. Durch diese Praxis entsteht sozusagen eine neue Körperöffnung, durch die unser Bewusstsein bei unserem Tod den Körper verlassen kann.

Und so saß ich mit 3000 anderen auf einem Berg in Spanien mit wundervoller Aussicht und übte zehn Tage lang bewusst das Sterben. Das gefiel mir so gut, dass ich es in den nächsten zehn Jahren wiederholte. Nachfolgend möchte ich Ihnen einen kleinen Eindruck davon vermitteln. Bitte versuchen Sie es nicht auf eigene Faust. Sie brauchen einen Meister, der Sie anleitet, sonst verirren Sie sich. Und eine Vision, die beste Version von sich selbst:

Wer möchten Sie sein, wenn Sie sich als Geisteskontinuum, als entwickelter Geist, von der einen Existenz zur nächsten bewegen? Das ist eine enorm wichtige Frage, denn unser Bewusstseinszustand am Ende dieser Existenz bestimmt den Zustand unseres Geistes in der nächsten Existenz. Der Geist wandert von einem Gefäß in das andere. Was heute ist, wird morgen sein, und was morgen war, wird übermorgen sein.

Wer möchten Sie am Ende Ihres Lebens sein? Ist Ihr Verhalten von Mitgefühl, Klarheit, innerer Stärke, Weisheit und Mitfreude bestimmt? Haben Sie Ihre Teilpersönlichkeiten auf ein erhöhtes Bewusstsein transformiert, damit sie Sie nicht mehr vom rechten Weg abbringen? Was beim Sterben geschieht, das wissen wir nicht, beziehungsweise wir haben es vergessen. Es kann große Angst machen, zumal der Körper in Panik verfällt, wenn er vom Tod bedroht ist. Es geht darum, nicht um das letzte Quentchen Leben zu kämpfen, sondern um das letzte Quentchen Bewusstsein. Ein geschulter Geist ist so stark, dass er der Todesangst widerstehen und auch im Angesicht des Todes ruhig bleiben kann durch die inneren Bilder. Buddha oder Christus oder was auch immer erscheint wie ein Leuchtturm, ein innerer Lotse, der uns heimführt. Wenn wir mit Phowa vertraut sind, ist der Weg nicht dunkel und unbekannt.

Wir sind ihn schon viele Male gegangen in unserer spirituellen Praxis. Sodass wir ihn vielleicht sogar blind finden würden. Vielleicht. Es bleibt spannend!

Alles, was wir immer wieder üben, wird irgendwann zum Automatismus. Als Fahrschüler müssen wir uns anstrengen, das Kuppeln nicht zu vergessen, bevor wir schalten, und in den Rückspiegel zu blicken, wenn wir ausscheren. Irgendwann läuft das alles von selbst, wir verschwenden keinen Gedanken mehr daran. So soll es auch am Ende des Lebens sein; die spirituelle Praxis soll nicht in Fleisch und Blut übergegangen sein, sondern in den Geist, idealerweise so nachhaltig, dass es auch klappt, wenn man bei einem Unfall plötzlich sterben würde, ohne sich auf das letzte Loslassen vorzubereiten wie beispielsweise bei einer schweren Erkrankung.

Nachfolgend eine kurze Beschreibung, damit Sie eine Vorstellung von Phowa bekommen:

Man visualisiert sich selbst als einen Buddha und sammelt sein Bewusstseinskontinuum beim Solarplexus etwas unterhalb des Herzens. Dann visualisiert man eine Röhre, die vom Solarplexus über Herz, Lunge, Kehle, durch den Kopf hindurchführt und im Kopf endet. Über dem Kopf sitzt der rot leuchtende Buddha Amitaba, der Buddha des grenzenlosen Lichtes, und führt die Seele, das Bewusstsein, in Buddhas reines Land, den buddhistischen Himmel. Das große Ziel eines Buddhisten ist es, dort zu verweilen, nicht mehr zu reinkarnieren. Denn so schön es auf der Erde sein mag, in Buddhas reinem Land ist es schöner. Um diese Botschaft vielen Menschen zu verkünden und sie zu unterweisen, kehren manche erleuchtete Meister dennoch wieder. Aber jetzt erst mal raus aus dem Körper. Das macht man, indem man hoch konzentriert eine bestimmte Atemtechnik anwendet und das Bewusstsein dann mit einem bestimmten Laut durch die zuvor aufgebaute Röhre schießt. Und dann beginnt man wieder von vorne.

Das praktizierte ich zehn Tage lang von morgens bis abends mit 3000 anderen.

Showdown

Im Idealfall landen wir nach dem Tod in Buddhas reinem Land, Christen nennen es Paradies. Doch sehr oft bleiben wir in einem Zwischenstadium hängen und wissen nicht, dass wir tot sind. Denn unser Geist ist ja noch da und auch noch eng mit unserer Persönlichkeit verknüpft. Wir verstehen nicht, was geschieht, die Einheit von Körper und Geist löst sich auf, das übersteigt unsere Vorstellungskraft und gleichzeitig sehen wir unser ganzes Leben in einem rasanten Film. Diese Rückblende, von der alle Menschen berichten, die eine Nahtoderfahrung hatten, lässt den Tod gnädig erscheinen.

Vor allem durch die Veröffentlichungen der Sterbeforscherin Elisabeth Kübler-Ross und des Arztes Raymond A. Moody wurde das Phänomen der Nahtoderfahrung in den Siebzigerjahren bekannt. Doch sie sind nichts Neues, literarische Nachweise von Nahtoderfahrungen finden wir durch die Jahrhunderte und alle Religionen. Aktuell forscht der holländische Herzspezialist Pim van Lommel seit Jahren darüber, was Patienten in diesem Grenzbereich erleben. Basierend auf aktuellen Schätzungen werfen vier bis fünf Prozent der westlichen Bevölkerung zu Lebzeiten einen Blick in das Jenseits. Zu den häufigsten Kennzeichen gehören laut dem Netzwerk Nahtoderfahrung[8]:

» Schwebeerlebnis mit Beobachtung des eigenen Körpers
» Lichtvision, oft personalisiert und am Ende des Tunnels

8. https://www.netzwerk-nahtoderfahrung.org/index.php

- außerordentliche Glücksgefühle
- Lebensfilm
- Begegnung mit bereits verstorbenen Verwandten
- Enttäuschung über die Rückkehr in den Körper
- verändertes Leben ohne Angst vor dem Tod

Obwohl die Erfahrung in den meisten dokumentierten Fällen nicht länger als einige Minuten dauerte, konnten sich die Überlebenden auch noch nach Jahren sehr gut daran erinnern, und sie veränderten sich, gaben in Befragungen unter anderem an, besser Gefühle zeigen zu können. Zusammenfassend kann man bei Menschen mit Nahtoderfahrung eine signifikante Zunahme der Überzeugung von einem Leben nach dem Tod feststellen. Wie ich eingangs erwähnt habe, hatte ich als Kind ebenso solche Erscheinungen – vielleicht verlor ich deshalb früh die Angst vor dem Tod. Dass immer mehr Menschen solche Erfahrungen machen, liegt daran, dass es unserer Hightechmedizin immer öfter gelingt, Patienten ins irdische Leben zurückzuholen. Das schildert anschaulich der Herzchirurg Dr. Reinhard Friedl. In seinem Buch »Der Takt des Lebens« schreibt er:

»Wenn die elektromagnetischen Wellen des Herz-EKG eine Nulllinie anzeigen, dauert es meistens nicht mehr als zehn Sekunden, bis ein Mensch das Bewusstsein verliert – und auch im Gehirn sind dann keine elektromagnetischen Ströme mehr im EEG nachweisbar. Wie der Begriff Bewusstlosigkeit schon sagt, würde man folglich erwarten, dass es für diesen Menschen dunkel wird. Bei 18 Prozent der Patienten ward es jedoch Licht, und sie machten sich auf zu einer Reise: Sie erlebten (!) wie sie ihren Körper verließen – verbunden mit einem sehr angenehmen Gefühl und der Erkenntnis, jetzt tot zu sein. Manche bewegten sich in einem Tunnel auf Licht zu, sahen Farben und himmlische Landschaften, trafen verstorbene Verwandte. Wieder andere sahen ihr ganzes Leben in einem Film oder befanden sich an einer Art Grenze. Keiner überschritt die Grenze unwiderruflich: Alle wurden erfolgreich wiederbelebt. Deshalb sind sie auch nicht gestorben, sondern hatten eine Nahtoderfahrung. Auf der anderen Seite dieser Grenze kämpften Angehörige, Notfallsanitäter, Krankenpfleger und Ärzte um ihr Leben.«

In manchen Fällen können die »Toten« später berichten, was sie während ihres Todes erlebt haben: Der Doktor hat seine Brille gesucht, die Krankenschwester hat ihm gesagt, dass er sie am Kittel hängen hat.

Wie ist das möglich, wenn der Patient doch eigentlich nicht mehr da war! Wo ist da? Und wo ist weg?

Manche Wissenschaftler halten Erscheinungen wie den Lebensfilm für letzte Zuckungen des sterbenden Gehirns. Doch was geschieht, wenn ein Gehirnspezialist so etwas am eigenen Leib erfährt – wie der amerikanische Professor für Neurochirurgie Eben Alexander, der mit einer schweren Gehirnhautentzündung im Koma lag. In seinem Buch »Blick in die Ewigkeit« beschreibt er hoch spannend seine mehrere Tage dauernde Nahtoderfahrung.

Einige Menschen mit einer Nahtoderfahrung sind sehr verunsichert, weil sie das, was sie dabei erleben, nicht einordnen können. Sind sie gar verrückt? Nicht wenige verschließen diese Erfahrungen tief in sich, sprechen mit niemandem darüber. Auch aus diesem Grund ist die Forschung zu Nahtoderfahrungen sehr wichtig. Wunderbar wäre es, wenn eine Nahtoderfahrung eines Tages als normal gelten würde, als zum Leben gehörig. Das ist eben so, wenn man stirbt. Aber das würde ja bedeuten, dass sich die Gesellschaft insgesamt mit dem Tod auseinandersetzt. Ich glaube nicht, dass ich das in dieser Existenz erleben werde, aber dann hoffentlich in der nächsten statt übernächsten! Wobei dieses Ich, das sich das jetzt wünscht, dann nicht mehr sein wird.

Es ist ein kritischer Augenblick, wenn sich Körper und Bewusstsein voneinander lösen. Nur wer kontinuierlich meditiert hat, schafft es in diesem Moment, den Geist unter Kontrolle zu halten. Anderenfalls beginnt nun eine schmerzvolle Phase, in der die meisten Menschen sehr leiden. Wir sehen uns von außen in einem Bett liegen oder im Straßengraben, wo auch immer wir gestorben sind. Wir hören, was andere sagen, und sogar, was sie denken. Daher rührt vielleicht auch die Mahnung, niemals schlecht über Verstorbene zu sprechen. Ja, sie können es hören. Der Geist des Verstorbenen nimmt die ganze Welt wahr, er sieht und hört alles. Doch er kann nicht verstehen, dass er keinen Einfluss mehr auf die anderen hat. Er spricht zu ihnen, sie reagieren nicht. Er berührt sie, sie merken es nicht. Wie dramatisch das sein kann, ist wunderbar dargestellt in dem Film »The Sixth Sense« mit Bruce Willis in der Hauptrolle.

Der Geist kennt keine Grenzen. Der Verstorbene denkt an ein Teehaus in Japan und schon ist er da, er denkt »Swingerclub«, und schon ist er da. Er denkt »Andamanensee«, und schon ist er da in dieser Sphäre außerhalb von Raum und Zeit und außerhalb seines Körpers. Das alles läuft in einem extrem schnellen Tempo ab. Denn es gibt ja keinen Körper mehr, der den Geist bremst, zur Ruhe bringt, etwas sinnlich erfährt, nur noch den wild herumflippenden Geist, und alles, was er denkt, ist da, und zwar sofort und in einer nie zuvor gekannten Intensität. Man ist überwältigt von diesen Gefühlen und davon, welche großen Auswirkungen die kleinsten Kleinigkeiten hatten, im Guten wie im Schlechten. Ein liebes Wort wogt warm und wunderbar, eine Verletzung ist wie ein Messerstoß.

Der ungeschulte Geist wird herumgeschleudert, ein Spielball heftigster Emotionen, ein Spielball seiner nicht transformierten Teilpersönlichkeiten, die nun ungezügelt schalten und walten.

Der Verstorbene sieht, welche Emotionen sein Tod bei anderen auslöst. Er sieht aber auch und vor allem, welche Gefühle er in seinem ganzen Leben bei anderen Menschen hervorgerufen hat. Er erkennt das Leid und den Schmerz, für die er verantwortlich ist. Das bedauert er zutiefst, auf eine nie zuvor erfahrene Art, denn der Schmerz der anderen ist sein Schmerz, das Leid der anderen ist sein Leid. Er möchte das wiedergutmachen. Aber wie? Der Verstorbene kann sich nicht entschuldigen, er kann nicht um Verzeihung bitten, jetzt, wo er weiß, was er getan hat und wie es sich anfühlt bei denjenigen, die er verletzt hat. Ja, es gibt eine Art Hölle, und zwar hier in diesem Zwischenstadium. Und das ist auch eine enorme Motivation, diese Stufe zu überspringen mit kontinuierlicher Vorbereitung. Bei erleuchteten Meistern geht dieser Plan auf, ob er bei uns selbst klappt, werden wir am Ende wissen.

Der Buddhismus ist kein Glaube für mich, sondern die erforschte und untersuchte Wahrheit über die wahre Natur des Geistes.

Und für Sie? Vielleicht sagt ein Teil von Ihnen, dass das alles logisch klingt, und ein anderer will damit nichts zu tun haben, und in der Summe hoffen Sie, irgendwie durchzukommen. So ist es dann eben. Das ist Ihre Geschichte. Meine sieht so aus, dass ich mich weiter auf den Tod vorbereiten werde.

Es erfordert nicht allzu viel Fantasie, sich vorzustellen, wie schmerzhaft es ist, wenn man alles verloren hat, wenn man begreift, dass man von allem getrennt ist. Wer bin ich? Was gilt noch, was bleibt, wenn alles weg ist? Wenn ich nicht mehr Stephan Schwarz bin, sondern niemand? Keine Wohnung, kein Job, keine Frau, keine Familie, nichts. Reif für unter die Brücke. Nein, reif für über die Brücke – in Buddhas reines Land. Wer viel gutes Karma angesammelt hat, bekommt nun Hilfe, zum Beispiel in Gestalt von Visionen mit Buddha-Formen, die einen durch diese schwere Zeit führen. Bei Christen können es Engel sein, Heilige – wir sehen, woran wir glauben. Für viele Menschen ist es eine tröstliche Vorstellung, von anderen Verstorbenen abgeholt zu werden. Endlich sind sie wieder vereint mit ihren Liebsten. Ist das nicht das Paradies? Nach irdischen Maßstäben gewiss. Doch ich glaube, dass es noch ein anderes, viel leuchtenderes Paradies gibt, das wir uns aber nicht vorstellen können, da uns dazu schlichtweg die Fantasie – oder die Realität – fehlt.

Am Ende des Lebens resonieren wir mit unseren geistigen Ebenen. Wenn wir viele komische Dinge angestellt haben – und wir wissen ja nicht, was wir alles mitgebracht haben aus Vorleben – fallen wir in niedrige Bereiche. Der Start wird schwierig. Am Ende hat alles mit Energie zu tun, alles ist Energie, Energie resoniert mit Energie. Auf welchem Bewusstseinslevel haben wir gelebt?

Neustart

Unter Esoterikern kursiert das Gerücht, jeder Mensch würde sich seine Eltern aussuchen. Wenn das so wäre, kann es einen nur verwundern, wie viele Leute später Reklamationen anmelden oder gar von einem Umtausch träumen. Diese Auswahl würde auch bedeuten, dass unser Wille entscheiden könnte. Wir würden bestimmen, wem wir uns anvertrauen: »Ich nehm mal die Schmidts, die machen einen ganz netten Eindruck und schnelles Internet haben sie auch«. Was für eine narzisstische Vorstellung – und amüsant! Sie ist nicht die einzige Falschinformation rund um das Thema Reinkarnation.

Auch eine oft gehörte Vorstellung, vor allem unter frisch Verliebten: »Wir kennen uns aus einem anderen Leben«. Man ist so begeistert von der neuen Eroberung, die man nie wieder verlieren will, dass zur Beweisführung, dass dies die Richtige, der Richtige wäre, gleich mehrere Leben herangezogen werden. Gerade weil wir in unseren Breiten so wenig über Wiedergeburt wissen, treibt sie kuriose Blüten. Solchen falschen Fuffzigern trauen Sie an dieser Stelle des Buches nicht mehr über den Weg. Sie wissen, dass Sie als keine Person wiederkehren mit all ihren Vorlieben und Abneigungen, sondern als ein Geisteskontinuum – in einer anderen Verpackung und vielleicht in einem anderen Geschlecht als heute.

Wenn Sie alle Bardos, wie wir Buddhisten die Zwischenzustände nennen, hoffentlich geschmeidig durchlaufen haben, vibrieren Sie als eine gewisse Energieform – wobei die Ansprache *Sie* hier nicht mehr gilt, denn es gibt Sie ja nicht mehr, aber ich bleibe der Verständlichkeit halber dabei. Diese Energieform fühlt sich angezogen von der Energie, die Ihre neuen Eltern im Moment Ihrer Vereinigung erzeugen. Die beiden haben hoffentlich Spaß miteinander, sind sich in Liebe zugetan, und so entsteht ein feinstoffliches Muster, das mit der Frequenz Ihres feinstofflichen Musters übereinstimmt, Sie rutschen rein – und dann sind Sie wieder im Spiel. Zirka neun Monate später kommt das Baby, in das sich Ihre Energie verwandelt hat, zur Welt und alles beginnt von vorne mit diesem nigelnagelneuen Körper und der Datenmigration der Buddha-Natur.

Was macht das kleine Wesen daraus? Es hängt davon ab, was es in seinem letzten Leben daraus gemacht hat, vor allem zum Zeitpunkt seines Todes.

Ich bin, wer ich war

Die Entstehung des neuen Lebens aus buddhistischer Sicht ist ein sehr komplexes Thema, das ich hier nur streifen möchte, da wir ja angetreten sind, um unser letztes Lebensdrittel für unsere Entwicklung zu nutzen und ein gutes Ende zu finden. Aus meinen Seminaren weiß ich allerdings, wie viele Fragen es aufwirft. Deshalb nachfolgend einige Inspirationen dazu:

Natürlich erhält Sex zwischen Frau und Mann mit diesem Wissen eine völlig andere Bedeutung. Wenn sie miteinander schlafen, bilden sie ein feinstoffliches Muster über ihren Körpern, das mit der Seele resoniert, die bereit zur Inkarnation ist.

Die Anziehung des Geisteskontinuums erklärt auch, warum Kinder derselben Eltern, die sich auf dem Weg zur Bewusstheit befinden und ihre Teilpersönlichkeiten transformiert haben, völlig unterschiedlich sind.

Gleiches zieht Gleiches an: Wenn wir bedenken, dass wir auch die feinstofflichen Muster unserer nicht transformierten Teilpersönlichkeiten in unserem Geisteskontinuum tragen – wäre das nicht ein großer Anreiz, sie zu transformieren, um uns beim nächsten Mal zu Eltern hingezogen zu fühlen, die ihrerseits ihre Teilpersönlichkeiten transformiert haben?

Vielleicht ist es doch nicht so rückständig, wie wir »aufgeklärten« Europäer annehmen, dass in anderen Teilen der Welt die Eltern oder Astrologen oder Heiratsvermittler darüber bestimmten, wer wen heiraten soll?

Bleibt nur noch die Frage, warum wir uns nicht an unsere Vorleben erinnern. Doch wäre das wirklich so spannend, wie es auf den ersten Blick erscheint? Wie viel Ballast sich da angesammelt hat – Schuldgefühle, Ängste, Anhaftungen! Nein, wir kommen als unbeschriebene Blätter zurück, wenngleich, wer über den Schlüssel zur Geheimschrift verfügt, sie lesen kann. Die Löschung alles vorher Gewesenen geschieht in einer Reinigungsphase, ehe wir uns in einer Gebärmutter niederlassen. Wie sollten wir auch all diese Erinnerungen verarbeiten? Wir würden Hunderttausende von Menschen kennen – in Form ihrer feinstofflichen Muster – aus allen unseren Leben davor. Unser narzisstisches Selbst wäre schwer gekränkt, wenn wir keinen Königen und Nobelpreisträgern in unserer Vergangenheit entsprängen, sondern nur normalen Leuten. Sobald über Reinkarnation gesmalltalkt wird, will jeder gern etwas ganz Tolles gewesen sein. Wir projizieren unsere Wünsche auf die Form und wollen nichts davon wissen, 1812 in den Slums von London Mutter von dreizehn Kindern gewesen zu sein. Was bringt es, sich ständig mit Eventualitäten vergangener Leben zu beschäftigen? Hat man nicht genug zu tun mit dem aktuellen? Und damit, anzunehmen, wer man ist, wie man sich entwickelt hat und dies alles dann loszulassen und von Neuem zu beginnen? Willkommen im Kreislauf des Lebens!

Vierter Teil:

Ankommen

Reiseziel:

Das Leben von morgen

Allmählich kommen wir zum Ende. Doch dieses Buch soll einen Anfang in Ihrem Leben markieren – hin zu einem noch bewussteren Leben. Und wer könnte uns dabei mehr unterstützten als ein leuchtender Geist, der die höchste Entwicklung erreicht hat – symbolisch dargestellt als Buddha – ein inneres Navigationssystem für die nächsten Jahre? Indem Sie Ihren Geist tagtäglich darauf einstimmen, erlangen Sie nicht nur erhebende Gefühle, sondern auch neue neuronale Vernetzungen im Gehirn.

Die tägliche Praxis

Die tägliche Praxis ist keine Pflicht, sondern die Kür! Viele Menschen glauben, Meditation sei lediglich ein Zustand während der Meditation. Doch unsere ganze Existenz verändert sich durch regelmäßiges Meditieren. Wir sind verbunden mit dem göttlichen Bewusstsein, und das unterstützt uns, wenn wir unseren letzten Atemzug tun.

Durch die Disziplin der täglichen Praxis vergegenwärtigen wir uns mehr und mehr, dass wir nicht unsere Teilpersönlichkeiten sind. Wir identifizieren uns nicht mehr mit ihnen. Wir schauen nicht durch ihre unwissenden, ja, auch ablehnenden Augen auf uns, sondern durch die liebenden Augen des Buddhas.

Sie werden es selbst merken: Mit der Zeit fällt es immer leichter, diese Disziplin zur täglichen spirituellen Praxis aufrechtzuerhalten. Das ist auch der Grund dafür, warum wir für dieses Buch besondere Meditationen aufgenommen haben. Denn gerade für Anfänger, Laien, für Menschen mit wenig Zeit oder viel Ablenkung ist es nicht so einfach, in die spirituelle Praxis einzusteigen. Die geführten Meditationen, die Sie herunterladen können (siehe QR-Code, Seite 8), helfen Ihnen bei der Kontinuität und machen Ihnen hoffentlich Lust auf immer mehr. Und eines Tages läuft es wie von selbst, ob mit oder ohne auditive Unterstützung. Doch natürlich ist es auch ganz schön, so weiterhin mit Ihnen, liebe Leserin und lieber Leser, verbunden zu sein in Buddhas reinem Land.

Ja, die drei Pfade – Meditation, Rezitation und Atem – führen uns in das wunderbare Land unserer Buddha-Natur. In der Leere, respektive im Quantenfeld der grenzlosen Möglichkeiten, üben wir uns darin, uns frei von unserer Persönlichkeit das Unvorstellbare vorzustellen. Wir sind dabei nicht hart zu uns und verlangen uns noch zwanzig Sit-ups ab oder legen noch mehr Gewicht auf die Hanteln, sondern betrachten uns durch die milden Augen des Buddhas – ohne nachlässig zu werden. Wir dürfen Fehler machen, wir dürfen scheitern, wir dürfen … Mensch sein. Menschen sind nicht vollkommen, sie sind unterwegs in ihrer Entwicklung: fluide Wesen. Deshalb gibt es auch keinen Wettbewerb beim Meditieren und keinen Zwang und keine Ziele, die unbedingt erreicht werden müssen. Wir sind Menschen. Wir sind fehlbar. Doch wir sind nun achtsam, merken es schneller, befreien uns rasch. Denn wir wissen: Alles in Buddha!

Zehn Inspirationen für Freude und Konstanz in der spirituellen Praxis

Jeder würde gern ein glücklicheres Leben führen, jedoch ist wenigen klar, was das bedeutet oder wie man es schaffen kann.

Unsere Emotionen und Geisteshaltungen haben einen Einfluss darauf, wie wir uns fühlen. Durch Übung können wir negative Emotionen und Geisteshaltungen ablegen und jene, die gesünder und positiver sind, entwickeln. Wenn wir das tun, wird unser Leben glücklicher und erfüllter sein.

Aufgrund von störenden Emotionen, wie Wut, Angst, Gier und Anhaftung, verlieren wir unseren inneren Frieden und unsere Selbstbeherrschung. Durch Übung können wir uns davon befreien, unter der Macht solcher störenden Emotionen zu stehen.

Wenn wir aus Wut oder Gier zwanghaft handeln, schafft das Probleme für uns und führt dazu, dass wir unglücklich sind. Durch Übung können wir lernen, uns zu beruhigen, klar zu denken und weise zu handeln.

Positive Emotionen, wie Liebe, Mitgefühl, Geduld und Verständnis, helfen uns, ruhig, offen und klar zu bleiben, und führen dazu, dass wir glücklicher sind. Durch Übung können wir lernen, diese Emotionen zu entwickeln.

Egozentrisches, selbstsüchtiges Verhalten und Denken schottet uns von anderen ab und macht uns unglücklich. Durch Übung können wir diese Denk- und Verhaltensweisen ablegen.

Die Erkenntnis, dass wir alle miteinander verbunden sind und dass unser Überleben von anderen abhängt, öffnet unser Herz und unseren Geist, hilft uns, Fürsorge für andere zu entwickeln und macht uns glücklicher.

Das meiste, was wir in uns und anderen wahrnehmen, sind Projektionen der Fantasie, die auf Verwirrung beruhen. Wenn wir glauben, dass unsere Projektionen der Realität entsprechen, schaffen wir Probleme für uns und andere.

Durch korrektes Verständnis können wir uns von Verwirrung lösen und die Realität erkennen. Das ermöglicht es uns, mit allem, was im Leben passieren mag, ruhig und bedacht umzugehen.

An uns selbst zu arbeiten, um ein besserer Mensch zu werden, ist eine lebenslange Herausforderung, aber zugleich das Sinnvollste, was wir mit unserem Leben anfangen können.

Um das alles zu verwirklichen, gibt es eine wunderbare Meditation, die ich Ihnen am Ende unserer Reise gerne ans Herz legen möchte.

Alles in Buddha – Liebe-und-Mitgefühl-Rezitation

Liebe ist das stärkste Gefühl in unserem Leben. Je älter wir werden, desto bewusster wird uns das. Die Hormone haben sich sozusagen beruhigt, wir haben erkannt, dass wir nicht der einzige Nabel der Welt sind, sondern jeder sich dafür hält, und vieles mehr. Wenn ältere Menschen nicht mehr jünger sein möchten, haben sie alles richtig gemacht, und vielleicht strömt in ihnen nicht nur das Mitgefühl für andere, sondern auch das für sie selbst, denn so manches Mal bleibt einem ja nur Mitgefühl, wenn man sich an seine Jugend zurückerinnert, an all die Fragen, das Nicht-Wissen, die Sehnsüchte, den Hunger nach Leben, die Verzweiflung – Gefühlschaos und Dramen, würden Sie mir da zustimmen?

In der folgende Metta-Meditation lernen wir, liebende Güte für uns selbst und für andere fließen zu lassen. Ein psychologisch wissenschaftliches Experiment von der Stanford University zeigte, dass die Teilnehmer mit nur wenigen Minuten Metta-Meditation zu einer besseren Lebenseinstellung und zu einem Gefühl von Verbundenheit auch mit fremden Personen gelangten. Ich selbst rezitiere die Metta-Meditation häufig vor dem Einschlafen. So spüre ich die Liebe des Göttlichen in mir, und meine Liebe für andere fließt in feinstofflichen Wellen zu meinen Freunden und meinen Seminarteilnehmern. Am Morgen geht es dann weiter. Ich lege oft meine Hände auf mein Herz, damit ich es mehr fühle. Die zweite Variante ist linke Hand auf das Herz, rechte Hand auf den Solarplexus. Dadurch verwandeln sich auch Sorgen in wärmende Liebe.

Ablauf

Der Text lautet:

> »Möge ich in meinem Herzen wohnen,
> möge ich sicher und geborgen sein,
> möge ich Heilung und Frieden finden.
> Möge ich glücklich sein.«

Möge ich in meinem Herzen wohnen heißt, möge ich in meiner inneren Buddha-Natur wohnen, in der Wärme meiner Seele. Möge ich durch milde Augen blicken, nicht durch einen scharf-sezierenden Teil meiner Persönlichkeit.

Möge ich sicher und geborgen sein heißt, nicht in der Angst verharren, die uns hart- und kaltherzig macht, erstarrt in der Furcht. Nicht gefangen in der Enge des »Ich«, sondern angstfrei und geborgen in dem inneren Buddha. Möge ich also nicht bedürftig sein, sondern im Fluss.

Möge ich Heilung und Frieden finden heißt, möge ich meine inneren Saboteure erkennen, da sie ja der Heilung und dem Frieden entgegenstehen. Möge ich lernen, liebevoll Frieden zu schließen mit allen meinen Schattenseiten und sie, indem ich sie liebevoll annehme, zu heilen. Möge ich in diesem Prozess lernen, immer wieder zu reflektieren, um ein weises, fühlendes Wesen zu sein, das sich nicht im Drama der Persönlichkeit verliert.

Möge ich glücklich sein heißt, dass ich immer wieder in Verbindung mit dem Göttlichen in mir bin. Mit dem Buddha in mir verbunden sein ist Glück. Pures, strahlendes, leuchtendes Glück, die höchste Stufe: intrinsisches Glück, unabhängig von allem, was außen um mich herum geschehen mag. Innerlich bin ich verbunden. Diese Verbundenheit verstärkt das Gefühl: Ich bin getragen von dem Göttlichen in mir. Während ich dies schreibe merke ich, dass wir nichts so nötig brauchen in der anstrengenden Zeit der Pandemie wie genau diese Gewissheit.

Diese wunderschöne Rezitation kann ich erweitern auf andere Menschen, vielleicht erst auf jemanden, der mir nahesteht:

»Mögest du in deinem Herzen wohnen, mögest du sicher und geborgen sein, mögest du Heilung und Frieden finden. Mögest du glücklich sein.«

Und dann können wir den nächsten Schritt tun und an Menschen denken, die uns nicht so nahestehen, auch an Menschen, mit denen wir vielleicht gerade im Clinch liegen. Wenn Sie jemand speziell etwas »Gutes« tun möchten, richten Sie Ihre Rezitation auf ihn. Die feinstofflichen Wellen kommen an. Das haben wir in unseren Gruppen oft getestet.

Am besten, wir bereiten uns mit dieser Rezitation auf die nächste Begegnung mit für uns schwierigen Zeitgenossen vor – die dann aller Voraussicht nach anders verlaufen wird als befürchtet, denn wir haben uns mit unserer inneren Buddha-Natur mit der Buddha-Natur der anderen verbunden. In unserer Dreidimensionalität sind wir verschieden, und das ist völlig in Ordnung. Gleichzeitig, auf einer höheren Ebene, sind wir nicht getrennt, sondern in Verbindung:

»Mögen wir in unserem Herzen wohnen. Mögen wir sicher und geborgen sein. Mögen wir Heilung und Frieden finden. Mögen wir glücklich sein.«

Lernen Sie dieses Rezitieren zu genießen. Ich praktiziere es, seitdem ich dieses Buch schreibe, jeden Tag mit meinen Lesern. Ich stelle mir alle Leser der Zukunft vor, wie wir gemeinsam diese Reise ans Ende einer Welt, an das Ende eines Lebens und seinen Neubeginn unternommen haben. Ja, ganz konkret, wie liebende Güte zu meinen Leserinnen und Lesern fließt, die jetzt gerade dieses Buch in den Händen halten. Vielleicht spüren Sie es:

Möget Ihr in Eurem Herzen wohnen.
Möget Ihr sicher und geborgen sein.
Möget Ihr Heilung und Frieden finden.
Möget Ihr glücklich sein.

Danksagung

Mein Herz ist durchdrungen von tiefer Dankbarkeit, und ich verneige mich vor meinen buddhistischen Lehrern S.H. Dalai Lama, Lama Ole Nydal, Geshe Rabten Rinpotsche, Gonsar Tulku Rinpotsche und meiner Theravada-Lehrerin Patchalie. Ihr Mitgefühl und ihre Weisheit ist grenzenlos, und sie alle haben mich immer wieder bestärkt, meinem Weg der inneren Revolution zu folgen.

Von Herzen danke ich Shirley Michaela Seul für ihre Begeisterung und ihren Enthusiasmus für dieses Buch, besonders in einer Zeit des ersten Lockdowns, als ich schon überlegte, die Zelte abzubrechen und mich zurückzuziehen.

Ich danke meiner geliebten Sangha, meinen Teilnehmern und Klienten und all den Vielen, ohne deren Inspiration und Unterstützung dieses Buch nicht hätte werden können.

Literaturempfehlungen

Alexander, Eben: »Blick in die Ewigkeit«, 2012 München

Allione, Tsültrim: »Den Dämonen Nahrung geben«, 2009 München

Borghardt, Tilmann, Erhardt, Wolfgang: »Buddhistische Psychologie«, 2016 München

Chögyam, Trungpa: »Buddhas Rezept für die Befreiung vom Leiden«, 2009 Obersdorf

Ders.: »Das Jetzt im Strom der Zeit«, 1992 Frankfurt

Ders.: »Buddhas Rezept für die Befreiung vom Leiden«, 2009 Obersdorf

Chökyi Nyima Rinpoche: »Das Bardo-Buch«, 1991 Bern

Dalai Lama: »Das Leben tiefer verstehen«, 2007 Freiburg im Breisgau

Ders.: »Die Weisheit des Verzeihens«, 2005 Bergisch Gladbach

Ders.: »Über Liebe, Glück und was im Leben wichtig ist«, 2012 Freiburg im Breisgau

Dispenza, Joe: »Ein neues Ich«, 2013 Burgrain

Ders.: »Wie gewöhnliche Menschen das Ungewöhnliche erreichen«, 2017 Burgrain

Dzogchen Ponlop Rinpoche: »Der Geist überwindet den Tod«, 2009 Stuttgart

Ennenbach, Matthias: »Buddhistische Psychotherapie«, 2010 Obersdorf

Geshe Kelsan Gyatso: »Freudvoller Weg«, 1995 Berlin
Ders.: »Freudvoller Weg«, 2017 Berlin
Gottman, John: »Die Vermessung der Liebe«, 2014 Stuttgart
Jankovich, Stefan: »Ich war klinisch tot«, 1984 Ergolding
Khensur Jampa Tegchock: »Leerheit und Abhängiges Entstehen«, 2004 München
Kissler, Alexander: »Die infantile Gesellschaft«, 2020 Hamburg
Lama Kazi Dawa-Samdup: »Das tibetanische Totenbuch«, 1971 Olten
Lama Ole Nydhal: »Nützlich sein«, 2011 Bielefeld
Ders.: »Von Tod und Wiedergeburt«, 2011 München
Levine, Stephen: »Wege durch den Tod«, 1995 Bielefeld
Lipton, Bruce: »Spontane Evolution«, 2009 Burgrain
Marden, Orison: »Why grow old?«, 1909 Boston
Nuland, Sherwin: »Wie wir sterben«, 1994 München
Peterson, Jordan B.: »12 Rules for life«, 2018 München
Rankin, Lissa: »Mind over medicine«, 2014 München
Schwarz, Joachim: »Im Osten geht die Sonne auf«, 1997 Fassberg
Sogyal Rinpoche: »Das tibetische Buch vom Leben und vom Sterben«, 1993 Bern
Strasser, Christian: »Das Erwachende Bewusstsein«, 2010 München
Thurman, Robert: »Revolution von Innen«, 1999 München
Ders: »Grenzenlos leben«, 2005 Berlin
Turner, Tina: »Happiness«, 2020 München
Ware, Bronnie: »5 Dinge, die Sterbende am meisten bereuen«, 2013 München

PHOWA-RETREAT: VON DER ANGST ZUM VOLLEN LEBEN

PHOWA ist der bewusste Prozess am Ende des Lebens, der uns den Weg in die Ebenen von Buddhas reinem Land finden lässt und dafür sorgt, dass wir nicht voller Angst in den Zwischenebenen hängen bleiben.

Die momentane Welt ist auf Angst aufgebaut – in der Tiefe handelt es sich dabei um die Angst vor dem Tod. PHOWA ist Bewusstseinsübertragung und nimmt uns alle Angst.

Ziel dieses 8-tägigen Retreats ist es, das PHOWA so lange zu üben, bis der Geist es automatisch macht. Wir wissen nie, wann wir diesen Körper verlassen werden oder verlassen müssen. Hat unser Geist diese Fähigkeit in der Tiefe gelernt, verinnerlicht und im Unterbewusstsein verdichtet, wird er automatisch den Weg in die höheren Ebenen von Buddhas reinem Land finden oder, wie unsere christlichen Freunde sagen, in den Himmel.

Wie das funktioniert? Indem du 8 Tage die intensivsten Meditationen, die größten Lehren, die nur persönlich weitergegeben werden können, und die stärkste Verbindung zur geistigen Welt erfährst.

Das bringt dir der Retreat:

› Da du die Angst vor dem TOD verlierst, erlebst du umgehend die Kraft und die Energie, zu 100 Prozent ein sinnvolles Leben zu führen.
› Durch die Sinnhaftigkeit deines Lebens steht dir nun ein ungewöhnlich starkes inneres Potenzial zur Verfügung.
› Dein ganzes Leben ist ab jetzt von Energie, Freude und Erfolg geprägt.
› Du spürst, dass du von einer unsichtbaren Kraft getragen wirst.
› Du fühlst dich stark, groß, klar und strahlend, in einer chaotischen Welt.
› Du bist ein leuchtender Turm des Lichts, für deine Mitarbeiter, Freunde und Familie.

Freu dich auf ein Seminar, das dein ganzes Potenzial freisetzt, weil sich die größte Angst in Freude verwandelt!